図14　40年代初期の鄭振鐸
(『鄭振鐸全集』巻八，花山文芸出版社，1998年)

伝統中国の歴史人類学　王権・民衆・心性

伝統中国の歴史人類学

―― 王権・民衆・心性 ――

鄭振鐸 著／高木智見 訳

知泉書館

凡　例

一　本書は、『湯禱篇』（古典文学出版社、一九五七年）所収の「湯禱篇」「玄鳥篇」「黄鳥篇」「釈諱篇」「伐檀篇」の五篇に、「作俑篇」（『昌言』創刊号、一九四六年）を加えた鄭振鐸による六篇の論文の全訳である。原則として、『鄭振鐸古典文学論文集』（上海古籍出版社、一九八四年）を底本とし、適宜、『鄭振鐸全集』（花山文芸出版社、一九九八年）を参照した。

一　原著に明らかな誤字などが見られる場合、直訳では意味が通りにくい場合など、一部において訳者の判断で調整を加えて訳出した箇所がある。『詩経』などの古典を訓読する場合には、著者の解釈に沿うように訓読したため、通常の読み方と異なる場合がある。違いが顕著な場合には注記した。

一　原著では引用文の典拠を示さぬ場合が多いが、原則としてすべて示した。

一　原著において（　）で示される著者の注は、原則として本文に取り入れる形で訳出した。したがって本書に見える（　）は、引用文の典拠などに関する一部を除き、大部分が訳者による注である。

一　章節は原著のままであるが、長めの段落は、訳者の判断において適宜、分割・改行した。「玄鳥篇」「釈諱篇」における節の見出しは、訳者の判断で加えた。

一　難読字、固有名詞には適宜、日本字音ルビを平仮名でつけた。

一　原著には無いが、図、写真、索引を付した。

序

このたび振鐸兄から、年内刊行予定の書に記念の序文を書いてはもらえないか、との依頼を受けた。その書には、古代史に関する兄の論文五篇を収め、巻頭に配する「湯禱篇」をそのまま書名にするという。

承諾はしてみたものの、いったい私に何が書けるのだろうか。いささか躊躇してしまう。一九四九年の解放以来、大学行政や社会活動にかり出され、たえず上海の市内や周辺部を駆け回ってきた。本来の務である研究にも、また政治理論の学習にも、心を落ち着けて取り組むことができず、筆を執り文章を書くことにためらいを覚え、さらには怯えさえ感ずるようになってしまった。そんな私に何が言え、何が書けるのだろうか。

やはり、想い出すことから始めよう。将来、「現代中国学術史」を研究する人に、いくらかでも参考になるかも知れない。

振鐸兄の研究テーマは極めて幅広く、かつまた、しばしば変化してきた。彼は、五四運動の頃に、社会主義思想の洗礼を受け、まず東欧文学の翻訳に携わった。ついで小説を創作し、随筆やエッセイを書き、さらに中国古典文学を研究し、ひいては古代文物の研究まで行うようになった。大まかに言えば、彼が専門としてきた学問分野は、文学、歴史学、考古学にわたり、なかでも彼が生涯をかけて精力を注ぎ込んできたのは中国文学史の研究である。しかしながら、あふれる精力の持ち主である彼の興味が、特定の学問分野に閉じこめられてしまうことは一度たりともなかった。

あるテーマに興味を覚えると、すぐさま原典を読み始め、資料を大量に集め、目録学や版本学の方面を突破口として、深く追究し続ける。興が乗った所で、筆を執り書き綴れば、常に万言の文章を以てしても収まりきらぬ、という具合であった。そんな彼を「書物狂い」だとあざ笑う友人もいるが、彼の方もただ笑うばかりで、言い訳はしない。

彼は、反動勢力が権力を振るう暗黒時代には、強烈な正義感に駆られ、一連の反抗闘争に参加した。のみならず、その広く大きな学問の輝きによって、自らを、また友人達を明るく照らし出し、さらには次代を担う青年達に進むべき道を指し示したのである。

一九二二年の頃であったろうか。当時、彼と私はともに上海商務印書館の編集部で仕事をしていた。彼は『小説月報』の、私は『教育雑誌』の編集にあたっていた。商務印書館には、親しい友人が大勢いたが、年齢の近い私たちのグループは、仕事の合間に、いつも腕をふりあげ、膝をたたいては天下国家を論じあったものだ。我々が館外に賃借りしていた住居は、閘北《こうほく》地区、永興路界わいにあった。

彼と私と、謝逸六氏は、とある建物の二階に居を構え、その後ろの建物に、葉聖陶氏、顧頡剛氏、さらに王伯祥氏が住んでいた。昼休みや仕事が引けた時には、いつも六人連れだって宝山路からゆっくり歩いて家に向かった。道すがら、必ず顔を紅潮させ耳まで赤くして、時事を談じ、学問を論じたものだ。疲れることも休むことも、永遠に知らないかのようであった。

当時もっとも激烈な議論を闘わせたのは、顧頡剛と王伯祥の両氏であった。ただし問題が史料学に限定されると、かえって二人の見解はよく一致した。その様子は、あたかも豪雨の後の穏やかなそよ風のようであり、一種独特の風趣が感じられた。そのころ振鐸兄は、文学研究に専心していたが、歴史学の議論にも、独自の見解により好んで口を挟もうとした。時には故意にけしかけて、顧・王両氏の激論を誘い出すこともあった。

五・三〇事件の後、おそらく一九二六年のことであったと思うが、振鐸兄はイギリスに留学し、フランスやイタリアなどの諸国にも遊んだ。彼はその機会を利用して、多くの博物館を巡り、複製品の収集などにつとめた。そんななか、中国の文物の海外流出を目撃し、たとえば敦煌千仏洞に秘蔵されていた古代の写本がスタインやペリオによって持ち去られたことに、大いに心を痛めた。同時に、世界各民族の文化遺産の豊かさを実見し、その発展や派生の原因について研究したいと考えるようになった。この頃から、彼の興味は、文学からしだいに歴史学、考古学の分野へと移り、文物の収集や整理に注意を払うようになる。同時にまた、それらの文物の出現、派生、相互関係などについての研究にも意欲を示した。

フレイザーの『金枝篇』を、彼が何時読んだのかは知らないが、少なくとも彼がこの書物に魅せられてしまったことだけは確かである。振鐸兄は『金枝篇』の原著ならびに簡約版の双方を架蔵しており、中国における新たな学問分野を開拓するため、この人類学の大著の翻訳を手がけようと計画した。出版を引き受けてくれる書店との交渉に自ら乗り出したが、やがて時間が足りなくなり、書店も容易には応じてくれなかった。やむなく、簡約版の翻訳に切り替えようとも考えたが、結局いずれも実現しなかった。

当時、中国の歴史学界には、疑古、考古、釈古の三派が鼎立していた。考古派は発見された史料自体が持つ限界に制約され、また釈古派は反動勢力による圧力を直接受け、ともに充分な展開を見せることはできなかった。ただ疑古派だけが、懐疑し真理を求めるというスローガンを打ち立て、大学や出版界で大いにもてはやされていた。

しかし振鐸兄の見るところ、疑古派とは要するに、崔述《さいじゅつ》や康有為の学統を受け継いで、中国古来の学問方法を総括したにすぎず、決して新たな学派を創立したわけではない。それ故、「今後もし、真理により一層近づく別の路を進もうとするならば、それとは異なった新たな門戸を開くしかない」(「湯禱篇」)のである。

この観点に基づき、彼は、郭沫若氏の『中国古代社会研究』に対して好意的評価を下す一方、顧頡剛氏の編集した『古史弁』に対しては、中国古来の疑古と真理追究作業の最終到達点でしかないと位置づけた。また同じ理由により、自らが発表した「湯禱篇」に「古史新弁」という副題を付けたのである。

このようなひたむきさ、このような気概ならびに見通しを彼は持っていた。つまり、ギリシア神話学に関する素養を力強い味方とし、民俗学や人類学の方法を援用して、中国古代文化研究に新たなる門戸を開くことを目指し、さらに、それによって、中国古代史研究をよりいっそう真理の道に近づけようと考えたのである。

残念ながら、彼自らが文学史の研究を放擲できなかったために、また文物資料の収集や整理自体の面白さに魅せられてしまったために、こうした性格の文章は本書にまとめられた四、五篇を執筆するにとどまった。

今日、中国史研究において、真理に近づく路、あるいは開かれるべき新たな門戸と言えば、議論の余地は皆無である。すなわち、史的唯物論にほかならない。しかし、中国史研究という分野において、いかにして史的唯物論を貫徹させるのかという課題は、たんに観点や立場の問題であるにとどまらない。また冗漫かつ空疎な議論を続ければ、その課題が解決できるわけでもない。史料を大量に収集し、方法を厳密に適用することもまた、必ず留意されねばならない。そうであるなら、フレイザー『金枝篇』の如き原典こそ、批判的に吸収する価値を有し、振鐸兄が本書で提出した諸問題こそ、さらなる検討を加える意味があるのである。理由はもはや明白であろう。百家争鳴が提唱される今日、『湯禱篇』の刊行は決して無益なことではない。述べることは尽きた。以て序文とする。

一九五七年四月五日　上海にて

周予同

目次

目次

伝統中国の歴史人類学

王権・民衆・心性

序説

現在、華々しく行われている古代史研究には、古書を押しいただき、過去の記述を無条件に信じ込んでいるものがある。また一方には、理性的判断力にものを言わせ、考証という最も有効な手段を用いて、古代社会の不可解な、あるいは不合理な史実に対し、その問題点を指摘し、誤りを是正しようとするものがある。

顧頡剛氏の『古史弁』は、後者に属する最も代表的な書物であり、顧氏は、王充、鄭樵《ていしょう》、崔述、康有為といった先学達の、すべてを懐疑し真理を追究する精神を改めて発揚したと言えよう。ただし康有為の場合には、しばしば先入観に制約され、己の意を以て、古書を強引に解釈することが多く、また古書を断章取義的に扱いがちであった。これに対し顧氏の場合、その態度は、異常なまでに真摯である。とりわけ「真理のために真理を求める」彼の熱情には、吾々友人仲間が等しく敬意をはらうところである。すでに第三册まで刊行を見た『古史弁』は、これで完結したわけではないが、青年読者に対し、相当な影響を与えている。

顧氏は、読者に以下の如く訴える。古書はそのすべてを信ずるべきではない。時間をかけて綿密に真偽を弁別する必要がある。古代の聖人およびその他のことに関する伝承は、いずれも累層的に積み上げる形で形成されたのであり、時代が降れば降るほど、附会の要素が多くなる、と。顧氏のこうした考え方は、極めて注目に値し、すでに多くの賛同者が同様の研究を行っている。

顧氏によれば、古史のなかには真実とは言えない部分がはなはだ多く、そうした部分のすべてが後代人の附会または書き加えであって、おそらく、漢代人が特に手を加えたものが多い、という。

しかし私の見るところ、顧頡剛氏の『古史弁』とは、要するに、中国古来の懐疑精神と真理を追求する熱情を雄弁に物語る最後の書物、すなわち総決算の書であって、決して新たな創造ではない。彼は、鄭樵、崔述といった人々による学問の方法に対し、最終的な総括を与えたにすぎない。今後もし、真理により一層近づく別の路を進もうとするならば、それとは異なった新たな門戸を開くしかない。たとえば郭沫若氏らによる古代社会研究が、その好例と言えよう。彼らは、着手したテーマごとに必ず成果をあげて進んでいる。

うず高く積まれた古書に囲まれ十年一日の如く悪戦苦闘しているだけでは、絶対に如来仏の掌から外へ飛び出すことはできない。これも疑わしく、あれも分からないといった具合に、古い書物の中の問題は、永遠に尽きることがない。もちろん古い書物は、そのすべてを信じ真実であるとすることはできない。しかし逆に、我々の直感的な「理性」に基づき、古代の事実を抹殺してしまうこともできない。古代人は、我々がそうであると決めつけているほど、偽作や捏造ばかりをしていたとは限らない。かりに附会することがあったとしても、そのような附会をなさしめた何らかの理由があったはずである。しかも、現代人から見て、常識や道理に合わない事柄のほうが、逆に奥深く確実な根拠があるのだ。

人類学や民族学、あるいは民俗学などの研究が始まって以来、古代神話や伝説を、たんなる未開人の「でたらめ」や「鄙語」にすぎないと見なすことはできなくなった。さらにまた、シュリーマンによるトロイ遺跡の発見以降、古代神話や伝説を単に詩人達の想像の産物であると理解することは、やはりできなくなった。それにもかかわらず、何故我々は、古代史上の多くの重要な事実を、後代人の附会であるとか、架空の話にすぎない、と決めつけようとするのか。

私は古代史を手間ひまかけて学んだことがあるわけではない。新たな学問の潮流に対して、充分な時間をかけてじっくり検討したわけでもない。しかし、私にも、私なりの意見がある。すなわち、『古史弁』の時代にはもはや決別すべきであって、古代社会の真相を明確に認識するためには、進むべき別の道を探さなくてはならない、と思うのである。その意味で、もし『古史新弁』とでも称するにたる研究が出現するならば、『古史弁』に比して大いに有用なものとなろう。あるいは、それによって、『古史弁』が正したいくらかの事実が、確かに動かすことのできない、依拠すべき真実であるということを証明できることになるかも知れない。そうした研究は、たんに直感的な理性や古書の考証だけに基づく研究に比べ、より一層、真理に近づき、一段と面白いものになるだろうと考えられる。

本書では、中国古代史に関する重要で興味深い伝説をいくつか選んで、ここに述べた新たな研究方法を試してみたい。これは一つの試みにすぎず、私自身、はなはだ粗雑な内容であることは十分に承知している。しかし、これによって研究者の関心を喚起し、彼らがさらに重要で、より精緻な業績を挙げることになれば、私の願いは満たされるのである。

さらに一点、私がこの種の仕事を行うことになった重要な理由がある。それは、文明社会にも、しばしば「野蛮な習俗」の痕跡を見出すことができ、未開社会の古い精霊が、時に思いもかけず現代人の生活に入り込むことがあり、とりわけ我が中国にあっては、この古い精霊がすさまじく横行しているということである。以下の議論を進めていくなかで、私は、この笑うべき「野蛮な習俗」の痕跡を随時、遠慮なく指摘するつもりである。読者の方々は、唖然としながら一笑にふされるだけであろうか、あるいは、どきりとして深く考え込んでいただくことになるのか、どちらであろうか。

第一篇で論ずるのは、殷の湯王が桑林においてその肉体を犠牲にして祈禱したという伝説についてである。

第一章　湯　禱　篇

一　湯　禱

一面の大平原。黄色く乾いた大地は灼熱の太陽に照りつけられ、無数の小さな裂け目を開き喘《あえ》いでいる。遠くを見やると細かな土ぼこりが空高く舞い上がり、まるでしとしとと降り続く春雨の暖簾《のれん》のようだ。ただし、春雨は豊かな潤いの感覚を与えるが、いまは乾燥しきって、焦りと苛立《いらだ》ちをもよおさせるだけだ。

河や溝は干上がって河床をさらけ出し、人馬の通り道となっている。その道の高いところに架かる橋は、虚しく延べ石をむき出しにしてとどまっている。野ざらしの白骨を見るようで極めて目になじまない。もっとも、橋のおかげで、かつてはこの辺りを真っ青で滑らかな水流が気持ちよさそうに流れすぎていたということを思い出すことができる。しかし、「餅を画いて飢えを充たす」とは言うが、絵を見て一層飢餓感がつのるということもある。この橋のために緑に輝く水面を思い出し、かえって

図1　日照り
（橋本紘二『中国黄土高原』東方出版，2001年）

不愉快になってしまう。

　河岸の多くの木々は幽霊のようにつっ立ち、緑の葉は黄色に焼けただれ、いまにも落ちそうだ。葉がすべて無くなった枝には、土ぼこりが厚く積もっている。野原を緑に染めるはずの草は、芽を出せなくなってしまった。青々としていた田圃の稲は、黄色く干涸《ひか》らび、黒い斑点がついている。周りのため池は、窪んだ丸い底をあられもなく曝《さら》している。

　農民が生きるよすがと恃《たの》む桑林も、かつては田や野原のあちこちでうっそうと茂っていた。幹がとぐろを巻いたように不格好な低木を、彼らは心を込めて大切に扱い、また喜びともしたが、いまでは柔らかな細かい葉もすっかり水気を無くして丸まっている。本当なら、この時期には豊かな濃い緑が枝々を覆い尽くしているはずだというのに。

気が急《せ》かぬ者はいなかった。天に禱り神に願い、先祖を祭り、占いを立てる……やれることは何でもやった。しかし、怨みをのんだ妖怪のような干ばつには効き目がない。蠶《かいこ》が育つ望みはなくなった。この先、バケツをひっくり返したような雨が何度も降ってくれなければ、食い扶持《ぶち》さえも怪しくなる。秋の穫り入れなど、何の足しにもならないことは、もう分かりきっている。

田圃にも行けず、桑も摘めない男や女は、心配しながら何もできず、村の入り口に集まってひそひそと話をしている。びくびくしながら、いささか気が立ってもいる。幾十もあるこのあたりの村では同じ光景が見られ、村長達は王の住む都へと出かけて行った。

「きっと湯王が何か天に逆らうことをやらかしたのだ。だから天帝が、これほど大きな罰を下したのだ。すべての責任は湯王にある」

人々は動揺し、あたりは不穏な気配に満ちていた。

来た。ついにやって来た。村長達《むらおさ》がお城から湯王を抱きかかえるようにして出て来た。祈禱師達も後に従いやって来る。人々はたちまち、騒然となって取り囲んだ。まるで蜜蜂が巣に集まったかのようにびっしりと。目には常にはない怪しげな殺気が漲《みなぎ》っている。

湯王はといえば、白い喪服を身につけ、髪はザンバラ。悲しげな表情を浮かべ、黒雲が立ちこめた時のように、目はいくらかおののいている。

太陽は息をつかせぬほど照りつける。天帝が犠牲の血を求めているかのようだ。

「雨が欲しい。要るのは雨だけだ。何とかして雨を降らせねば」

「禱ろう。禱ろう。何とかして天帝を満足させねば」

「天に背いたに違いない。罪を背負って、元通りにしろ」

農民はざわめき、叫んでいる。ただならぬ気配となってきた。

「天帝は犠牲をお望みだ。人の犠牲、血の犠牲を。お望みはかなえねばならない。天帝のお望みだ」。狂ったように叫ぶ声が聞こえたようだ。

「天帝のお望みだ」。四方から応ずる声は、雷鳴の如くであった。

湯王は顔を挙げて見回した。人々の目は怪しげな殺気でぎらついている。額から、豆粒のように大きな汗がポタポタと流れ出す。白髪の混じった鬢《びん》のあたりは、玉の汗でびっしょりと濡れている。

「皆のもの……」。湯王は大声で叫ぼうとしたが、誰一人耳を貸さない。

「祭卓（儀式台）を担《かつ》げ」。一人が声を出すと、千人が応《こた》える。直ちに必要な物が整えられた。

「柴を積み上げよ」。また誰かが絶叫した。ほどなく広い地面の上にうず高く柴が積み上げられた。

湯王はもう一度叫ぼうとした。だが、やはり耳を貸す者はなく、すでに鉄の檻のように頑丈な人垣によって幾重にも取り囲まれていた。汗が、額と鬢から流れ落ちるばかりだ。おびえて空をさまよう視線は、殺されるのを待つ羊のようだ。

誰かが王の背中に羊皮の上着をかける。王は意志もなく従う。村長達によって祭卓の前に引き立てられると、やはり、されるがまま地に腹ばいになる。刃物を手にした者が、王の髪を切り、手の爪を切り取った。切り取られた髪と爪が祭祀用の盆の中で灼かれる。生ぐさい臭いが漂う。

辺りからは禱りの声が、雨粒の音のようにぼそぼそと聞こえてくる。村長や祈禱師達が、呪文を声高く唱える。緊張が高まり、誰の目にも殺気が漲《みなぎ》っていた。

黄色く輝く太陽は大きな目を見開いて、この一場の活劇の一部始終を見つめている。雨が降る気配は微塵もなかった。しかし遥か東北の地平線上には、この時すでに雨雲が幾らか集まり始めていた。

祈禱の声が絶え間無くざわざわと響いている。湯王の耳にはぶんぶんと聞こえるばかりで、一言も分からない。腹ばいになった彼の目に映るのは、祭卓と祭盤の足、さらに、まるで桑林のようにぎっしりと集まって直立している数え切れないほどの人間の足であった。彼には自分の運命が分かっていた。この活劇がどのような結末を迎えるのかを知っていた。しかし、抵抗の術《すべ》はなく、逃げる手だてもなかった。とめどなく禱りが唱えられ、数え切れない儀礼が、手順どおりに進められていく。盤の中の炎は空高く燃えあがり、髪や爪が燃えた生ぐさい臭いは消えていない。額と鬢の汗の玉はいよいよ大きくなっていく。

村長と祈禱師が王の脇を抱えて起ちあがらせる。群衆に取り囲まれたまま、積み上げられた柴に向かって進んで行く。湯王は、屠殺場に向かう羊のようにおとなしく従うだけであった。

　この時、東北の風が吹き、黒い雨雲が次第に天空を覆い始めた。人々の顔には幾らか喜びの表情が浮かんだ。湯王にも一縷《いちる》の望みが芽生えた。しかし活劇の進行が止まることはない。湯王は担ぎ上げられ、高く積み上げた柴の上に一人むなしくひざまづいた。その周りを幾重にも人々が取り囲む。祈禱師や村長達は、数々の儀式を進めていく。ひざまづき、禱り、立ちあがり、歩く。湯王もまた、ひざまづき、祈り、天を仰ぐ。彼はただ願った。一刻でも早く、少しでも多く雨雲が集まり、雨が降りだして自分を救い出してくれるように、と。すると風はようやく強く吹き始め、体に当たると涼しさを覚えるほどになった。額の汗も乾いてしまった。

　祈禱師や村長達が祭祀の火の方へ移動した。湯王の背筋に寒気が走る。これから何が起こるのかは明らかであった。ここから飛び降りて逃げだそうかと、心が動く。しかし見れば見るほど、びっしりと取り囲んでいる人々の、どの目にも怪しげな殺気がむき出しになっているのが分かる。思わず息を呑んで、逃げるのが不可能であることを悟った。この窮地を救うべく、今すぐ雨が降り出すことを願うしかない。

　祈禱師や村長達が祭祀の火の方からゆっくりと戻ってきた。一人の祈禱師の手には、勢いよく炎を上げるたいまつが握られている。王は運命を悟り、目を閉じた。これから起こることを見る勇気はなかった。

まさにこの時、雨雲は空一面に広がり、豆粒大の雨が、雲の裂け目から落ちてきた。人々は頭を上げて天を見やる。歓喜の声があがった。死神もかくやとばかりに厳めしい形相をしていた祈禱師達も、我を忘れて顔を上げた。冷たい水滴が、絶え間無く人々の頰に、眉間に降りかかる。まるで向日葵《ひまわり》のように、心を開いて夏の雨を迎えている。王は歓呼の声を耳にし、驚いて思わず目を開けた。水分をたっぷりと含んだ大きな雨粒が、たった今髪を切り取られたばかりの頭にしたたり落ちるのが分かる。雨はどんどん降ってくる。うれしくて彼も思わず大声をあげそうになったが、どうにか自分を抑えることができた。

雨粒はさらに大きく密になり、まとまって、しとどふる大雨に変わった。誰もが全身ずぶ濡れであったが、喜びに満ちている。

状況は一変した。新鮮で心を浮きたたせる土の臭いが満ち溢れ、人々を満足させた。皆がぬかるんだ大地にひざまづき、天帝に感謝の禱りを捧げる。祈禱師が手にしていたたいまつも、雨にかき消され、祭祀の炎も消えた。

「万歳、万歳、万歳」。体中の声をふりしぼって、人々が歓呼する。

目を見張る群衆に囲まれたまま、湯王は祈禱師と村長達によって柴から抱き下ろされた。王は心の底から安堵し、ひそかに恥じ入った。この時、人々は熱烈に王を推し戴き、王もまた、たちまち荘厳な表情を取り戻し、闊歩して宮殿へと向かった。人々はしっかりと取り囲んでついて行く。

湯王は恐らく、天帝が確かに彼の味方をしたのだと思ったであろう。

「万歳、万歳、万歳」。歓呼のこえが次第に遠ざかる。

大雨は天河が決壊したかのようになおも降り続き、集まり河となって、うごめきながらあの橋の下を走り抜け、東に向かって流れて行く。小さなため池にも、みるみるうちに黄色い濁り水が溜まった。樹木や草花も気持ちよさそうに大きな息をついているかのようだ。桑林の中で丸まってしまっていた小さな桑の葉も、たちまち勢いよく成長する力を手に入れたかに見える。

あの積み上げられた柴の山だけが、この活劇の唯一の証人として、なお傲然とそそり立ったまま大雨に降られ続けている。

二　史　料

以上に記した一場の活劇は、決して作り話ではない。想像による箇所がいくらかはあるものの、決して事実からかけ離れていない。この活劇が演じられたのは、今を去ること約三六〇〇年前であり、劇中の主人公は、かの湯王である。これに類する活劇が、我国で古代に演じられたことは一度や二度に止まらない。劇中の主人公となった人物もまた、湯王一人に限られるわけではない。だがしかし、生命を全うすることができ、そのうえ語り継がれるべき活劇の一部始終を後世に伝えることができたのは、極めて幸運に恵まれた湯王だけなのであった。
湯王の活劇に関する最古の記録は、以下の如く『荀子』、『尸子《しし》』、『呂氏春秋』、『淮南子《えなんじ》』、『説苑』などの書物に見えている。たとえば、『説苑』君道篇には、次のように記されている。

湯の時に大旱魃が七年間続いた。洛水・黄河はともに干上がり、川底はひび割れ、砂も石も焦《こが》れた。そこで家臣を派遣し、三足の鼎を捧げて山川に祈らせた。その祝詞《のりと》の言葉に曰く、まつりごとに節度がないからでしょうか。民を酷使しているからでしょうか。中傷や讒言《ざんげん》をする人が多いからでしょうか。賄賂が横行しているからでしょうか。宮殿が立派すぎるからでしょうか。何故これほどまでに雨がふらないのでしょうか、後宮がまつりごとを乱しているからでしょうか。何故これほどまでに雨がふらないのでしょうか、と。すると、祝詞の言葉が終わらないうちに、天は大いに雨を降らせた。

この史料には、湯王の時、七年にもわたって大旱魃が続き、湯王が人を派遣して山川を祭って祈らせると、「言、いまだ已《お》わらずして、天、大いに雨ふる」結果になったと記されており、湯王が自ら犠牲となり天に祈ったことには言及していない。しかし、『説苑』が依拠したと考えられる『荀子』王覇篇には、こうある。

湯王が旱魃に際して、祈って言うには、まつりごとに節度がないからでしょうか。民を酷使しているからでしょうか。宮殿が立派すぎるからでしょうか。後宮がまつりごとを乱しているからでしょうか。何故これほどまでに雨がふらないのでしょうか。賄賂が横行しているからでしょうか。中傷や讒言をする人が多いからでしょうか。何故これほどまでに雨がふらないのでしょうか。

このように『荀子』には、湯王が旱魃に際して自ら祈禱したとあり、『説苑』の如く「人をして三足の鼎を持して山川に祝せし」めたとは記されていない。あるいは『説苑』にみえるこの一節は、作者・劉向が書き加えたのかもしれない。ともあれ、『説苑』のほうが後の時代の書であることは確かであり、より古い『呂氏春秋』順民篇には、こう記されている。

湯が夏王朝に勝利して天下を平定した後、五年以上にわたって大旱魃が続いた。そこで湯王は自ら桑林に赴き祝詞をあげて言うには、私一人に罪があるならば、万民には何の責任もありません。万民に罪があるのならば、その責任は私一人が引き受けます。この私一人が不徳であるという理由で、上帝や鬼神が怒り、民の命を傷つけるという事態にはならぬようにお願い致します、と。その後、自ら髪を切り爪を切り、身を以て犠牲とし、上帝に祈った。すると、民は湯の対処を大いに喜び、大雨が降った。

これは最も重要な記述であり、その由来は極めて古いに違いない。『呂氏春秋』の作者の創作にかかるとは絶対に考えられない。『説苑』が『荀子』に基づき、『呂氏春秋』のこの記事を採らなかったのは、あるいは、信憑性を疑ったためかも知れない。しかし実際には、湯王自らが桑林に禱ったという伝承のほうが、臣下を派遣して六つの点について自らを責めさせたという『荀子』の記述に比べ、

より根拠があり、傍証も少なくないのである。たとえば『淮南子』主術篇には、
　　湯の時に、七年続く大旱魃があった。湯王自らが身を以て桑林で祈ると、たちどころに四海の雲が集まり、非常に広い範囲に雨が降った。
とあり、また『淮南子』逸文（『文選』思玄賦・李善注所引）には、
　　湯の時、大旱魃が七年続いた。そこで、人を犠牲にして天を祀ることの是非が卜《うら》なわれた。その際、湯は、余が祭祀の是非を卜なうのは、もとより民衆の為にである。このさいに余が犠牲にならないでいられようか、と述べた。湯は臣下に薪を積みあげさせ、髪と爪を切り、自ら潔斎して薪の上に乗り、己の肉体を犠牲にして天を祀ろうとした。火がいまにも燃えようとしたそのとき、大いに雨がふった。
とある。さらに『尸子《しし》』（『芸文類聚』巻八二所引）には、
　　湯が旱魃を救った時には、白い馬に引かせた葬儀用の白い馬車に乗り、麻で仕立てた白い喪服を身につけ、白い茅《ちがや》を紐にして冠をとめ、自ら犠牲となって、桑林の野で祈りを捧げた。この時、琴瑟や太鼓を鳴らして歌舞することは禁じられた。
とあって、いずれも湯王自らが犠牲となり、桑林に禱った、と伝えている。とりわけ『淮南子』逸文には、「自ら潔斎して薪の上に乗り」と明記されており、おそらく、より古い伝承であると考えられる。皇甫謐《こうほひつ》の『帝王世紀』（『太平御覧』巻八三所引）は、『淮南子』、『呂氏春秋』に基づき、次のよ

うに記している。

湯王が桀を攻伐した後、大旱魃が七年続いた。殷の史官が卜占した結果、人を犠牲にして天に禱るべきである、と述べた。これに対して湯は、余が雨乞いをするのは、民のためにである。もし人を犠牲にして祈る必要があるのならば、この身をその犠牲としよう、と述べた。ついに自ら斎戒して、髪を翦《き》り爪を断ち、その身を犠牲にして、桑林の社に禱った。祝詞《のりと》の言葉が終わらぬうちに、天は大いに雨をふらせ、数千里四方に及んだ。

いまから三六〇〇年前に果たして、このような事柄が実際に起こったのだろうか。現代的視点を以て見るならば、荒唐無稽のたんなる神話としか考えられない。本質的に極めて粗野で、このうえなく野蛮である。しかし古代においては、現在の未開社会におけるのと同様、我々には理解不能の、奇妙な出来事が頻繁に起こっていたのである。粗野で野蛮で、とても信じられないと思われることほど、実はかえって真実に近いのである。未開社会に関する研究が始められてから、この真理はいよいよ明確なものとなった。未開社会の生活に臨んでは、今日的視点を当てはめて云々することはできない。未開の神話は、我々が思いこんでいるほど荒唐無稽ではないのである。

しかしながら、中国の学術界では非常に古くから、神話を研究対象にはしないという考え方が根強い。なおかつ古代の伝承に対して、自らが生きる時代、すなわち文明社会の観点を以て評価することに馴れきっている。湯禱の故事も例外ではなく、そのような観点に立った議論がなされてきた。次節では、ひとまず、そうした立場からの有力な議論を見ておこう。

三　曲解

湯王について、『史記』殷本紀は、彼が狩猟に出かけたとき、東西南北四面のうち三面に網を張り、残りの一面は獲物が逃げられるように残したこと、すなわち湯王の徳が禽獣にまで及んでいたということを物語る故事については詳しく記している。しかし、桑林における祈禱という大事件については、一言も言及していない。『史記』以後も、慎重さを以て知られる歴史家は、この伝承に関して様々な疑義を呈し、史実であるとは認めていない。例えば、崔述《さいじゅつ》『考信録』は以下の如く、南宋の経学者・張栻《ちょうしょく》（号は南軒）ならびに明の学者・李廷機（字は九我）の説を引用した上で、このようなことは有り得るはずがない、と論じている。

張南軒は言う。湯王が雨乞いの祈禱をした時には、髪と爪を切り、自ら犠牲になろうとした、と史書には記録されている。しかし思うに、湯王ほどの聖人が、旱魃の極みにあって、自らを責め、桑林でじきじきに祈禱するのである。民を思って天に訴えた湯王の誠意は、それだけで充分、天に届き雨をもたらすことができるはずである。何故、史書の記すように、自ら犠牲になる必要があるのか。かつまた人を犠牲にして禱るべしという卜占も、理解しがたい。聖人である湯王が、そのような卜占を信じ、父母から与えられた肉体を傷つけたりなど、するはずがない。このような記述は、まさに野史の空談であって、決して信ずることなどできない。

李九我は言う。大旱魃が起こった時に、人間を犠牲にして祈禱する。そんな道理は絶対にあり得ない。無実の人間を殺すと、日照りの咎《とが》を招くことがあるとは聞いたことがあるが、旱魃に際し人間を犠牲にして祈禱するなどということは、いまだかつてなかったことだ。古代においては、六畜《りくちく》（馬・牛・羊・豚・犬・鶏）の祖先を祭る場合、同種の動物を犠牲に捧げることはなかった。同様に、人間を祭るために人間を犠牲にするという暴挙を敢行したのは、わずかに宋の襄公と楚の霊王だけである。あの湯王が、人間を犠牲にすることなど有り得ない。かりに祝史がそのような占断をしたとしても、湯王がそれを真に受け、道理を以て対処することができず、自ら犠牲となり、後の世の祭祀に人身犠牲を捧げる端緒を開くなどということがあるはずがない。天が湯王の平時における誠意を信ぜず、逆に当座しのぎの祝文を信用することなどがありえようか。湯王が自らの身を修めるという誠意によっては天を動かすことができず、ただ単に自らを責める文章で天を動かしたなどということがありえようか。後世の君王が、洪水旱魃の発生に際し、いたずらに史巫の言うところにわずらわされるのは、この記述が悪い前例となっているのである。

こうした二氏の議論に続けて、崔述は次のように自説を展開している。

思うに、『公羊伝』桓公五年「大雩《たいう》は、旱祭なり」の条の何休《かきゅう》注に、「君主は、自ら南郊に赴き、六つの事柄について自らの過ちを認め、自らを責めて以下のように言う。まつりごとが公平でないからでしょうか。民が生業《なりわい》を失ってしまったからでしょうか。宮殿が立派すぎるからでしょうか。後宮がまつりごとを乱しているからでしょうか。賄賂が横行しているからでしょうか。中傷や讒言をする人が多いからでしょうか、と。さらに童男童女それぞれ八人に、舞いながら「雩《う》」と叫ばせた。それ故、雨乞いの儀礼を雩と言うのである」（唐・徐彦の疏は、以上を『韓詩伝』の逸文とする）とある。これによれば、君主が六つの事柄を以て自らを責めるのは、古の雨乞いの儀礼である雩祭においては通常のことであり、湯王一人が行ったと見なすことはできない。

さらに同じ『公羊伝』僖公三一年「三望とは何ぞや。望祭なり。然からば則ち何をか祭る。泰山、河、海を祭る」の条の何休注に、「『韓詩伝』に、湯の時、大いに旱《ひで》り、人をして山川に禱らしむ、というのは、このことである」とある。これによれば、湯王は、ただ人をして山川に禱らしめただけで、本来は、湯王自らが祈ったことも、六つの事柄を以て自らを責めたこともなかった。ましてや自らの肉体を犠牲とするなどなかったのだ。

かつまた雩が、天を祭り雨を禱る儀礼であるのに対し、三望とは山川に対する祭祀儀礼であって、両者は明確に区別される二つの儀礼である。現在、『韓詩伝』は散逸してしまっているが、上引の何休注に引用される逸文による限り、望と雩とは相互に全く関係がないようである。にもかかわらず伝の意味を理解できない者は、いったい何に基づき、誤って両者を結びつけて一つの儀礼とし、さらに人身を犠牲とすることまでも附会しうるのか。張、李二氏の議論は、あたっていると言えよう。

　また諸子の書物によれば、ある書には、堯の時に九年間にわたる洪水があり、湯の時に七年にわたる旱魃があったと記されている。またある書には、堯の時には一〇年に九回洪水が発生し、湯の時には八年に七回旱魃が起こったと記されている。ところが、経書やその伝においては、堯の時の洪水については、多くの記載が見られるにもかかわらず、湯の時の旱魃に関しては、何故かまったく記されていない。しかも堯の時の洪水とは、実際には堯の時代になって洪水が発生したことを意味するのではなく、それ以前から徐々に氾濫の度を増し続けていた洪水が、堯の治世を迎えて治まったという意味である。これに対し、やはり至高の徳の体現者である湯王の場合、何故、旱魃が七年も続いたのであろうか。董仲舒『春秋繁露』暖燠《だんいくじょう》常多篇に、「湯の時の旱魃とは、すなわち暴虐非道の君主、夏の桀王に対する天罰の余波である」と記されている。そうであるなら、同じ悪逆の王である殷の紂王に対する天罰の余波も、桀王のそれに劣るものではないと考えられるが、実際には周王朝が殷を亡ぼした後、作物は豊作であった。こう考えると、何故、湯が夏を亡ぼした後にだけ、大旱魃が発生しなければならないのか。つまり、湯の時の大旱魃はそもそも、その発生自体、確証がないのであって、ましてや、湯自ら人身犠牲になったというのは、道理にあわぬこと甚だしい。それ故、これらについては、依るべき史料として採用しない。

張、李二氏の議論は、根拠のない、いわば「でまかせ」であり、ものごとを直感的な理性によって論証しているにすぎない。それに対して、崔氏の論は、ずっと質《たち》が悪い。彼は考証という最も有効な手段を弄《ろう》することに長《た》けており、『公羊伝』何休注が引用する『韓詩伝』の二つの逸文に基づき、『荀子』や『説苑』に伝えられる湯禱の故事は、「誤って」二つの事柄を一つにまとめてしまったものであること、さらに人身犠牲に至っては、全くのこじつけであること、を論証している。まことに巧みな論証である。この巧みな論証によって、古代史上の一大事件をいとも簡単に抹殺してしまった。しかしながら、どれほど巧みであろうと、かくも重大な事件は、一筆で抹殺しうるものではない。

実際のところ、彼らの議論は、笑いたくなるほど幼稚であって、極めて浅薄な直感的認識によって、古代の史実を解釈している。しかし、直観に基づいて古代史を云々するのは、最も危険なやり方である。後漢の王充から始まり、疑古の思索を集大成した崔述にいたるまで、彼らはみな、しばしば自らの「理性」だけを頼りとして、古代史を「修正」し続けてきた。勇敢に懐疑する精神は、無論、尊敬に値する。しかし、彼らはそれによって重大な陥穽《かんせい》に陥《おちい》っていることに、気がついていない。古代史の解釈は、それほど容易《たやす》いものではない。後代人の極めて大雑把な常識を以て、古代における事実の有無を判断することはできないのである。これまで、漢代人は漢代の、宋代人は宋代の、さらに清代人は清代の、それぞれ自らの時代の、すでに文化が発達した社会の状況を判断基準として、古代社会の状況を推し量ってきた。そうした解釈は、その殆ど全てが過ちであると言わざるをえない。

その最も良い例が、湯禱の故事なのである。彼らは、人身犠牲をともなう祈禱などというものを、はなから認めようとしない。だからこそ張南軒は、「人を犠牲にして禱るべしという卜占も、理解しがたい」と論じ、李九我は「大旱魃が起こった時に、人間を犠牲にして祈禱する。そんなことは絶対にあり得ない」と述べたのである。崔述は一歩踏み込んで、湯王の治世における大旱魃の発生そのものを懐疑した。のみならず湯王自身が祈禱したことも認めず、ただ「人をして山川に禱らしめた」だけであるという（なお、湯王が六つの事柄について自らを責めたことは、湯禱の伝承のなかでは、あまり重要な意味をもたない。ただし、それが後世の附会であったとしても、そのことにより君主が自らを責めるという中国の伝統そのものの真実性が低められることはない。こうした理由で、この点についてはは深入りしない）。

彼ら三人が判断を誤った原因は、おそらく伝統的な思考に制約され、湯は聖人であり、天には人間の誠意が通ずる、と見なしていたからであろう。だからこそ、張氏は、「民を思って天に訴えた湯王の誠意は、それだけで充分、天に届き雨をもたらすことができるはずである」と述べ、李氏も「あの湯王が、人間を犠牲にすることなど有り得ない。……天が湯王の平時における誠意を信ぜず、逆に当座しのぎの祝文を信用することなどがありえようか」と論じたのである。さらに、崔氏は「同じ悪逆の王である殷の紂王に対する天罰の余波も、夏の桀王のそれに劣るものではないと考えられるが、実際には周王朝が殷を亡ぼした後、作物は豊作であった。こう考えると、何故、湯が夏を亡ぼした後にだけ、大旱魃が発生しなければならないのか」との言を呈している。このような議論は、いずれも、取りあげるに足らぬほど幼稚である。

我々は、人身犠牲を伴う祈禱が、古代の未開社会では普遍的に見られる現象である、ということを知っている。「大旱魃が起こった時に、人身を犠牲に捧げ祈禱する」ことは、決して「あり得るはずがない」ことではない。孔子はかつて「始めて俑を作りし者は、それ後なからんか（最初に副葬品としての陶俑を作成した人間は、子孫が絶えることになろう）」と述べたが、それは全く事の順序を転倒した話である。実際には、本来、生きた人間を殉葬していたのが、後になって「聖人」が、人間に替えて俑を用いることにしたのである。したがって、「始めて俑を作りし者は、それ必ず後あり」と、俑の作成者を肯定的に評価するのが、正しい認識であろう（この問題に関しては、本書第六章で扱われる）。

これは、古く神に祈りを捧げる場合、生きた人間を犠牲にしていたのと全く同じである。時代が降ると、生きた人間の代わりに、髪や爪など肉体の一部分、あるいは牛や羊を犠牲として捧げることになった。パウサニアス『ギリシャ案内紀』（ローマ帝政期の旅行家の手になるギリシア遺跡見聞録）によれば、古代ギリシャでは、しばしば河の神のために頭髪を伸ばし、一定の長さになったときに、髪を切って河に投じて、河の神の恩恵に対するお礼とする、ということがあったという。この習俗から、かつてギリシャでは人間を犠牲にして河の神に祈っていたが、後に髪を以てその代替としたことがわかる。こうしたギリシャの習俗は、以下のような中国古代の記録と符合している。すなわち『史記』六国年表には、「秦の霊公八年、初めて君主を以て河に妻《めあ》わせり（始めて公主を黄河の神に嫁がせた）」とあり、また『史記』滑稽列伝によれば、魏の文侯の時に、鄴《ぎょう》の人が黄河の神である河伯に妻をめとらせたという。ギリシャ神話には、人身犠牲に関する伝承はさらに多くある。エウリピデスによる最も有名な悲劇「イーピゲネイア」には、妙齢の女性イーピゲネイア（ギリシア軍の総大将、アガマノンの娘）を犠牲として、女神アルテミスの機嫌を取ろうとした顚末が描かれている。

以上のような例によって考えると、人身犠牲を伴う雨乞いは、古代社会には確実に存在した、としなければならない。つまり、湯禱の故事はまさに、古代社会のありのままの状況を我々に伝える一幅の絵巻物である、と見るべきなのである。

ただし、湯王が自らを犠牲にしようとし、髪と爪を切って桑林で禱ったという事実から、彼が心の底から民の幸福を願っていたとまで解釈することはできない。万やむを得ない苦渋の選択であったと見るべきであろう。すなわち、彼にとっては、それが義務であり、迫られて犠牲にならざるを得なかったのである。運が悪ければ、ギリシャ神話のなかの国王アタマス同様、本当に犠牲になって、生命を落としていたかも知れない。国王アタマスは、やはり国内の大飢饉のため、神への犠牲として民衆の手によって殺されている。つまり、湯王は、民衆の意に媚びるため、その場で突発的に蛮勇を奮って、「もし人を犠牲にして祈る必要があるとするならば、この身をその犠牲としよう」と叫んだので

図 2　雨乞い
建物には「敬龍神風調雨順，求聖母普降甘露（謹んで龍神に風雨の順調なることを願い，聖母にあまねく慈雨を降らすよう求める）」という対聯が貼られている。
（橋本紘二『中国黄土高原』東方出版，2001年）

は決してない。そうではなく、彼は君主であり、身を以て雨乞いをする重大な責務を担っていたからこそ、そうしたのである。彼以外には、誰もその役目を果たすことはできず、彼がやらねば、事はすまなかったのである。

旱魃は必ずしも「七年」も続いたものではなかったかも知れない。時代は必ずしも殷代初期ではなかったかも知れない。活劇の主人公もひょっとしたら本当は湯王ではなかったのかも知れない。しかし、かつて中国古代にこのような活劇が演じられたということは、絶対に疑問の余地がない。演じられた回数も、おそらく十幕や百幕に止まらなかったであろう。

四　野蛮の残存

『詩経』大雅の「雲漢」なる詩篇にも、極めて恐るべき大旱魃の光景が、リアルに表現されている。全八節を、現代語訳をまじえ、節ごとに見ていこう。

倬彼雲漢　昭回于天　倬《たく》たる彼の雲漢、昭《あきら》かに天に回《めぐ》る
王曰於乎　何辜今之人　王曰く、ああ何の辜《つみ》やある、今の人
天降喪乱　飢饉薦臻　天、喪乱を降《くだ》し、飢饉、しきりにいたる
靡神不挙　靡愛斯牲　神として挙《あ》げざるなく、この牲を愛《おし》むなく
圭璧既卒　寧莫我聴　圭璧《けいへき》すでに卒《つ》きたり、寧《なん》ぞ我を聴くことなきや

冒頭の祈りの言葉は、真に迫っている。この劇の主人公もやはり王である。大旱魃のせいで、大飢饉が発生するが、天空からは太陽が激しく照り続け、雨が降ることは、その気配すら感じられない。それにもかかわらず、王にできるのは、祈りを捧げることのみである。神という神に祈りを捧げ、肥えた牛や白く美しい羊など、いかなる犠牲でも、すべて惜しげなく捧げた。圭や璧もまた大量にたてまつった。それでも神の耳には祈りの言葉がとどかぬのであろうか。

旱既太甚　蘊隆蟲蟲　旱《ひでり》すでに太甚《はなはだ》し、蘊隆《うんりゅう》は蟲蟲《ちゅうちゅう》たり（熱気の蓄積はすさまじい）

不殄禋祀　自郊徂宮　　禋祀《えんし》を殄《た》たず、郊より宮に徂《ゆ》き
上下奠瘞　靡神不宗　　上下に奠瘞《てんえい》し、神として宗《そう》とせざるなし
后稷不克　上帝不臨　　后稷も克《あた》わず、上帝も臨まず
耗斁下土　寧丁我躬　　下土を耗斁《こうと》（壊滅）するより、寧《むし》ろ我躬《みずか》らあたらん

天はなお雨を降らさず、すべてのものが尽く乾燥し枯れ果ててしまった。王は郊外から宮殿に至るまであらゆる場所で祈り、あらゆる神に祭りを捧げた。それなのに、后稷は願いを聴かず、上帝も来臨しようとはしない。あいかわらず雨の気配は全くない。このうえは、「寧《むし》ろ我躬《みずか》らあたらん」、すなわち王である私の肉体を犠牲にすることになろうとも、これ以上、天下の民を苦しめることはできない。この表現は、第二節で引いた『呂氏春秋』順民篇に見える湯王の祈りの言葉「私一人に罪があるならば、万民には何の責任もありません。万民に罪があるのならば、その責任は私一人が引き受けます。この私一人が不徳であるという理由で、上帝や鬼神が怒り、民の命を傷つけるという事態にはならぬようにお願い致します」と見事に符合している。古代社会において君主が立てられたのは、まさにこのように災禍を防ぐ「盾」とするためであったとも言えるのである。

旱既太甚　則不可推　　旱《ひでり》すでに太甚《はなはだ》し、則ち推《さ》るべからず
兢兢業業　如霆如雷　　兢兢業業として（恐れおののくこと）、霆《いかづち》の如し雷の如し
周余黎民　靡有孑遺　　周余の黎民《れいみん》、孑遺《けつい》あるなし（生き残った周の民びとも、今では一人も

いない）

昊天上帝　則不我遺　昊天上帝《こうてんじょうてい》、則ち我を遺《あわれ》まず
胡不相畏　先祖于摧　胡《なん》ぞ相い畏れず、先祖もここに摧《ほろ》びん

旱魃とはかくも恐ろしく、一切が枯れ果て、人間も根絶やしにされてしまいそうだ。この窮状を、上帝は何故顧みようとしないのか。祖先神は何故、救いの手をさしのべようとしないのか。

旱既太甚　則不可沮　旱《ひでり》すでに太甚《はなはだ》し、則ち沮《はば》むべからず
赫赫炎炎　云我無所　赫赫炎炎《かくかくえんえん》として、云《ここ》に我が所《ところ》なし
大命近止　靡瞻靡顧　大命近し、瞻《み》るなし顧《かえり》みるなし
群公先正　則不我助　群公先正、則ち我を助けず
父母先祖　胡寧忍予　父母先祖、胡《なん》寧ぞ予《われ》に忍《しの》べる

旱魃がもたらす灼熱地獄に終息の気配はない。逃れられないどころか、死の足音さえ迫ってくる。なにゆえ群公先正（いにしえの諸神）は我々を助けようとしないのか。なにゆえ祖先達は平然と我々を見ていられるのか。

旱既太甚　滌滌山川　旱《ひでり》すでに太甚《はなはだ》し、滌滌《てきてき》たる（草木も水もなく乾燥しきった）山川
旱魃為虐　如惔如焚　旱魃虐《ぎゃく》を為すこと、惔《や》くが如し焚《や》くが如し
我心憚暑　憂心如熏　我が心暑きを憚《おそ》れ、憂心熏《や》くが如し

群公先正　則不我聞　群公先正、則ち我を聞かず
昊天上帝　寧俾我遯　昊天上帝《こうてんじょうてい》、寧《なん》ぞ我をして遯《なや》ましむ

水は涸れ、山には一本の草もない。旱魃は燃やすが如く焦がすが如く、猛威をふるっている。王たるこの身がこれほど焦り苦しんでいるにもかかわらず、なにゆえ上帝も先祖達も、まったく耳を貸さず、助けようともしないのか。

旱既太甚　黽勉畏去　旱すでに太甚《はなはだ》し、黽勉《びんべん》として（はげみつとめて）畏《おそ》れ去《おび》え
胡寧瘨我以旱　憯不知其故　胡寧《なん》ぞ我を瘨《やま》しむるに旱を以てす、憯《かつ》て其の故を知らず
祈年孔夙　方社不莫　年《みのり》を祈ること孔《はなは》だ夙《はや》く、方社《ほうしゃ》も莫《おそ》からず
昊天上帝　則不我虞　昊天上帝、則ち我を虞《はか》らず
敬恭明神　宜無悔怒　明神に敬恭なれば、宜しく悔怒《かいど》なかるべし

いったい、何の因果で、天は我々人間にこれほどの大旱魃を下すのか。王たるこの身は、とうの昔から豊作を願って祈禱し、四方の神や土地の神にも早くから祈っている。このことで、上帝が王たるこの身を責めるはずがない。これほど恭しい態度を示している以上、神々に怨みや怒りはないはずだ。

旱既太甚　散無友紀　旱すでに太甚《はなはだ》し、散じて友紀《ゆうき》（秩序）あるなく
鞫哉庶正　疚哉冢宰　鞫《くる》しむかな庶正（百官の長）、疚《うれ》うるかな冢宰《ちょうさい》（太宰）
趣馬師氏　膳夫左右　趣馬《そうば》（掌馬の官）に師氏（軍事長官）、膳夫（掌食の官）に左右（近従）

靡人不周　無不能止　人として周《めぐ》らざるはなくも、無《くるしみ》を止《とど》むる能わず
瞻卬昊天　云如何里　昊天を瞻卬《せんぎょう》するも、ここに里《うれ》うるを如何せん

旱魃がかくも長く続き、考えうるすべての方策を尽くした。あらゆる人に尋ねたが、誰も解決の術を知らない。天空を見上げても一筋の雲すらない。いったい、どうしたことなのか。

瞻卬昊天　有嘒其星　昊天を瞻卬《せんぎょう》すれば、嘒《けい》として其れ星あり
大夫君子　昭假無贏　大夫君子、昭《あき》らかに假《いの》りて贏《あやまち》なし
大命近止　無棄爾成　大命（民びとの命尽きる時）近し、爾《なんじ》の成《いさお》を棄つるなかれ
何求為我　以戻庶正　何ぞ我がためにするを求めん、以て庶正《しょせい》を戻《さだ》めん
瞻卬昊天　曷恵其寧　昊天を瞻卬《せんぎょう》するも、いつのひか其の寧《やすら》ぎを恵《たま》わん

夜は夜で、天には明るく大きな星がきらきら輝き、雨の気配は全くない。もし、王たるこの身一人のせいならば、災禍は天下の民にではなく、ただ、この身一人に下してほしい。ここに見える「何ぞ我が為にするを求めん、以て庶正を戻《さだ》めん（私自身のために求めているわけではない。ただ百官を安定させたいだけだ）」云々という行《くだり》も、やはり湯王の「この私一人が不徳であるという理由で、上帝や鬼神が怒り、民の命を傷つけるという事態にはならぬようにお願い致します」という言葉と、ほとんど同じである。

周代の王もまた、旱魃のもたらす災厄に対し、このように驚き慌て、焦り苦しみ、神にすがり天に

禱り、最終的な責任は自らが引き受けなければならなかった。そうだとすれば、殷代初期に、「湯禱」のような事件が起こったとしても何ら不思議ではない。

というより、殷周以来、三千年以上にわたる中国史上において、「湯禱」のような事件は数え切れないほど発生してきたのである。古来、中国の帝王は、おおよそ「風が吹き草が動く」といった些細な異常事に対してすら、その全責任を負わねばならなかった。ましてや彗星のように、天空に異常現象が発生した場合には、必ずそうしなければならなかったのである。国王達は異常現象を自らの咎《とが》とし、詔《みことのり》を下して自らの罪を認め、過ちを指摘し正してくれるよう願った。以下には、そのような興味深い事例を時代順に列挙してみよう。

『尚書』金縢《きんとう》および『史記』魯周公世家によれば、周の成王三年の秋は大豊作であったが、刈り入れの前に、大雷鳴とともに暴風が吹きあれた。作物はことごとく吹き倒され、大木すら根こそぎ飛ばされるほどであった。大いに懼れた成王が、大夫達とともに身なりを整え、金属で封緘《ふうかん》された箱を開くと、かつて武王が病にかかった時、周公が身代わりになることを祈った祝文が出てきた。成王は、祝文を手にとって涙を流し、都を退去していた周公を呼び戻すこととし、自ら郊外に赴いて周公を迎えた。すると、天は雨を降らせ、先の暴風と反対の方向から風が吹き、倒れていた稲がことごとく起き上がり、大豊作になったという。

些か誇大な内容であることは否めないが、古代の人々が天変地異をいかに懼れていたのかということ、さらに、過ちを改めれば、その誠意は天に通ずる、と固く信じられていたことを充分に読み取ることができよう。

周の敬王四〇年（前四八〇年）夏、「熒惑《けいわく》、心を守る」すなわち、熒惑（火星）が心星（アンタレス周辺）と重なるという異常現象がおこった。心星は、宋国の分野に当たるため、宋の景公はこれを深く憂慮した。司星（天文観測を司り、暦を作る官職）の子韋《しい》は、これについて、この現象の災禍は宰相に移すことができます、と提案した。すると景公は、宰相とは、我が股肱《ここう》の臣である。大切な家臣に禍を移すことはできない、と拒否した。さらに子韋が、それならば民に移すことができます、と言うと、これに対しても景公は、民こそは君主の頼みの綱である、と述べて受け付けない。ならば、作物の出来と引き替えにすることが可能です、との子韋の言葉に、景公はまた、作物が不作になれば、民が困る、そんなことをすれば一体誰が余を君として認めようか、とはねつけた。このような対話の後、子韋は、天は高いところに有りながら、人間界のことをすべて聴いております。ただいま我が君には、君人の言（人に君たる者としての自覚に基づく言葉）を三たび発せられました。天は必ずや聴きつけ、熒惑はきっと移動するにちがいありません、と予言した。その後、天の様子をうかがっていると、熒惑星は果たして三度（一度は、星七つ分の距離）移り、凶兆は解消した（『史記』宋世家）。

この例も、君王の誠意が天を動かす、と信じられていたことを示している。しかも、熒惑が心を守るという凶兆が見られた時、これを憂えた司星の子韋が、凶兆のもたらす災禍を宰相に、民に、さらに作物へと移すことによって、国王の身を守ろうとした。このことからは、やはり当時の人々が、およそ天災が生ずると、身を以て矢面に立つのは国王自身にほかならない、と考えていたことが分かる。ちなみに、このように災禍を移すという手段は、後の時代にもしばしば実行に移され、漢代では通常、丞相が身代わりになることになっていた。それ故、群臣や民衆はしばしば、このことにかこつけて権臣達を攻撃した。

秦の始皇帝二〇年（前二二七年）、燕の太子丹は、刺客荊軻《けいか》を秦に送り込み、隙をうかがって始皇帝を刺殺するよう命じた。荊軻が出発する時、白い虹が太陽を貫くようにかかったという（『史記』鄒陽伝）。

漢代になると、ありとあらゆる天変地異が、皇帝の自戒や恐懼、自責の原因となった。ただし、ゴロツキ上がりの劉邦の場合には、そもそも、「君たる者のつとめ」を理解できず、こうした厄介な事柄には関わろうとはしなかった。しかし、後の文帝、景帝の時代になると、漢王朝の支配体制もようやく整い、状況は大いに変わる。たとえば文帝二年（前二〇一年）冬に、「日これを食すること有り（日食）」という異変が起こると、文帝は大いに懼れおののき、次のような詔を下して直言や諫言を求めた（『史記』孝文本紀）。

朕はこのように聞いている。天は民を生み、民のために君を置き、民を養い統治させている。その君が不徳で、政治に不公平が生ずれば、天は、災厄をくだし失政を戒めるものである、と。

ところが、この十一月の晦《みそか》に、日食が発生し、譴責《けんせき》を加えようとする天の意思が明らかとなった。これ以上の災厄があろうか。朕は宗廟を守り、この小さな身を以て、士民や君王の上に君臨している以上、おおよそ天下治乱の責任は、すべて朕一人にある。執政に当たる二、三の大臣だけが、我が身の股肱のごとき存在である。朕は、下は民人を治育することができず、上は三光（太陽・月・星）の輝きにわざわいをもたらした。これ以上の不徳はない。この詔書が到達したならば、朕の過失および知見の及ばざる所をつらつらと考え、朕に告げ教えるように。また賢良方正の士にして、よく直言・極諌できる者を推挙し、彼らに朕の至らぬ所を糾《ただ》させるように。

これまた湯王の「余一人に罪があるならば……」という表現と同じである。これ以降、およそ二千年にわたり、天変地異が起こるたびに、時の皇帝が詔を下し諌言を求めることが通例となる。その内容は、ここに引いた文帝の詔と全く異口同音である。

その後しばらくして、皇帝達は自らの責任を軽くする巧妙な手段を思い付いた。すなわち、丞相を自らの身代わりにするという方法である。天変が発生すると、身代わりとして丞相を罷免し、その不吉を祓ったのである。たとえば漢成帝の陽朔《ようさく》元年（前二四年）二月、晦日《みそか》に日食が起こった。すると京兆尹《けいちょういん》の王章は、この機に乗じ、今回の日食は、大将軍・王鳳が権力を専らにして主君をも凌《しの》ぐ勢いであることを咎めているのである、と上奏した（『漢書』元后伝）。最も惨めな犠牲者は、次の例であろう。やはり成帝の綏和二年（前七年）春二月、「熒惑が心を守る」という異常現象が発生した。

これについて、天文現象に精通していた郎（皇帝の近従。高級官僚への階梯とされた）の賁麗《ふんれい》は、執政の大臣がこの凶兆の咎を引き受けるべきである、と進言した。そこで成帝は、丞相の翟方進《てきほうしん》を召しだし、冊書を下して責任を追及し、あわせて尚書に命じて上尊酒（上等の濃い酒）一〇石、養牛一頭を下賜させた。翟方進は、その日の内に自害してしまう（『漢書』翟方進伝）。いわゆる「禍《わざわい》を枯れた桑に移す」とは、まさにこのことである。

後漢、霊帝の光和元年（一七八年）秋七月、青い虹が玉堂殿の庭にかかった。帝は詔を下し、異常現象を鎮める方法を天下に問うた。これに対して蔡邕《さいゆう》が答えた。伏して考えますに、異常現象はすべて亡国の凶兆であります。天は、我が大漢王朝に対して慈悲心を有するが故、しばしば異常現象を起こして譴責《けんせき》しているのであります。それによって人君が気付き、危機が回避され、世の平安がもたらされるようにと欲しているのです。……どうか努めて警戒し、明確に禁令を発してくださいますように。趙嬈《ちょうぎょう》（霊帝の乳母）、霍玉《かくぎょく》（霊帝期の官僚）といった君側の奸の所業を深く心にとどめ、戒めとしてくださいますように。……天道は満ちているものを減らし、鬼神は謙譲である者に幸いする、と申します」、と（『後漢書』蔡邕伝）。ここに見える蔡邕の見解は、災異現象に対する二千年来の儒者達の解釈を代表するものと言えよう。

晋の孝武帝の太元二〇年（三九五年）秋七月、長星（長い光芒を放つ彗星）が須女《しゅじょ》（二八宿の第一〇宿）から哭星（やぎ座の星）にかけて現れた。この現象を忌み嫌った孝武帝は、華林園で酒杯をささげ、星に向かい「長星よ、汝に一杯の酒を勧めん。古より何ぞ万歳の天子あらんや」と唱えた（『資治通鑑』巻一〇八）。

晋の安帝の義熙《ぎき》一四年（四一八年）冬一二月、彗星が天津《てんしん》（天の川、とくに白鳥座とこぎつね座の間を指す）に出で、太微《たいび》（紫微の東北あたり）に入り、さらに北斗を経て、紫微《しび》（天の北極周辺）に絡《から》み、八十数日で消滅した。北魏の崔浩《さいこう》（北魏初の史官）は主嗣（明元帝）に対して、「東晋はすでに衰え始めており、滅亡も遠くないことと存じます。彗星が異常を示したのは、かの劉裕（南朝・宋の初代皇帝）がまさに帝位を簒奪しようとしている兆しでありましょう」と述べた（『資治通鑑』巻一一八）。

唐の高祖の武徳九年（六二六年）六月、太白星（金星）が天を横切った。この年、李世民は、兄の建成、弟の元吉を殺し帝位に就いた（『資治通鑑』巻一九一）。

唐の太宗の貞観二年（六二八年）春三月、都では日照りが続き飢饉が発生し、子を売ってしのごうとする者も少なくなかった。そこで詔を発し、宮廷倉庫の金銀を放出して、それを弁済にあてて子供を取り戻させた。太宗はまた、近臣にむかって、天下を泰平ならしめるため、日照りの禍を朕の身に移すこと、これこそ朕の願いである、と述べた。すると、いたる所で雨が降り、民は大いによろこんだ（『資治通鑑』巻一九二）。

同じく貞観一一年（六三七年）秋七月、大雨が降り、穀水、洛水がともに氾濫し、洛陽城を呑み込んで、役所や寺院、民家を壊滅に至らせ、溺死者は六千人以上に達した。この時、以下のような詔が出された。水害にあった宮殿の修繕は、最小限にとどめよ。寝起きができればそれでよい。明徳宮および玄圃院《げんほいん》は解体して、その廃材を罹災者《りさいしゃ》に与えよ。さらに百官に上奏を命じ、余の過ちを徹底的に指摘させるように（『資治通鑑』巻一九五）。

唐の高宗の總章元年（六六八年）夏四月、彗星が五車（馭者座《ぎょしゃざ》アウリガ）の範囲にあらわれた。高宗は正殿を避け食事を粗末にして音楽も停止した。許敬宗（唐初の高臣）らが上奏して通常の状態にもどすよう願ったが、高宗は認めなかった（『資治通鑑』巻二〇一）。

唐の中宗の景龍四年（七一〇年）夏六月、李隆基（後の玄宗）は挙兵して、韋《い》皇后の一族（中宗を毒殺して政権簒奪を目論んでいた）を排除しようとしていた。粗末な身なりをして、劉幽求らとともに苑中に潜んでいた。夜になると、あたかも雪が降るように多くの星が流れた。これを見た幽求が、「天意かくの如し。時を失うべからず」と言うと、葛福順らが直ちに羽林営に突入し、韋氏一族で軍事権を掌握する者を尽く斬殺した（『資治通鑑』巻二〇九）。

唐の徳宗の興元元年（七八四年）春正月、陸贄《りくし》（徳宗期の高臣）は徳宗に対して述べた。かつて殷の湯王は、己を罪することによって国を興すことができました。また楚の昭王は、善言によって滅亡に瀕した国を立て直すことができました。陛下も過ちを改め、自らのお言葉で天下に謝するということをすすんでなさることができますならば、二心を抱いている者どもも必ずや心を入れかえ陛下に順うこととなりましょう、と。徳宗は、この言をもっともと考え、次のような詔を下した。曰く、国家の秩序を安定させ徳を施すためには、必ず誠実につとめ、己を忘れて人を済い、進んで過ちを改めなければならない。余は宮殿の奥深くで育ち、国家を治めることには通じておらぬ。……天が上から譴責しても、悟ることができず、人民が下で怨んでいても、気付くことができない。それ故、しだいに混乱を招き、あちこちの都邑で叛乱が起こるようになった。天地のあらゆる事柄が秩序を失い、九廟の先帝も驚き恐れている。上は祖宗をわずらわせ、下は民人の期待に背いている。まことに心は痛み恥じ入るしかない。一切の罪は、まことに余にある、と（『資治通鑑』巻二二九）。

唐の宣宗の大中八年（八五四年）春正月、日食のため、元会（朝廷の儀式）を取りやめた（『資治通鑑』巻二四九）。

唐の昭宗の大順二年（八九一年）夏四月、彗星が三台（おおくま座の星）あたりから出て、太微に入ったが、その長さは十丈あまりに達した。そこで天下に恩赦令を発した（『資治通鑑』巻二五八）。

唐の昭宣帝の天祐二年（九〇五年）夏四月、彗星が西北にあらわれ、五月には長い尾を引き全天を貫いた。時に、朱全忠（反乱軍から唐朝に寝返り実権掌握に成功。五代後梁の始祖）はまつりごとを専断し、唐王朝の王族をほとんど皆殺しにしてしまった（『資治通鑑』巻二六五）。

宋の太宗の端拱二年（九八九年）、彗星が東井《とうせい》（ふたご座の星）にあらわれた。天文官は、この妖星は契丹を滅亡させる前兆であると解釈した。すると趙普（宋初の高臣）は直ちに上疏して、これは悪しきおもねりの言であり信ずるに足りない、と訴えた。そこで帝は、慣例に照らして正殿を避け食膳を粗末にし、大赦の令を発した（『通鑑易知録』巻六五）。

宋の真宗の咸平元年（九九八年）春正月には、彗星が営室（ペガサス）の北にあらわれた。呂端（宋初の宰相）が、この現象の応報は必ずや斉・魯の界に現れるであろう、と見立てた。これに対して帝は、朕は天下のすべてのことを憂いと為す。一地方が応報を受ければ、それでよいというわけではない、と述べ、詔を下して直言を求め、さらに正殿を避け食膳を粗末にした（『通鑑易知録』巻六六）。

宋の仁宗の景祐元年（一〇三四年）八月、張翼（おおいぬ座の星）のあたりで星が輝き、その光芒が四方に流れた。異常現象と見た帝は、正殿を避け食膳を粗末にした（『通鑑易知録』巻六七）。

宋の仁宗の寶元元年（一〇三八年）春正月、多くの星が西北に流れ、時ならず雷鳴も聞こえた。そこで帝は詔を下し、直言を求めた（『通鑑易知録』巻六七）。

宋の哲宗の元符三年（一一〇〇年）三月、きたる四月朔日に日食が起こるという理由で、天下に詔して直言することを求めた。こうした日食の予知は、当時における天文観測技術の高さを示すものであるが、なんと、その予知された異変に対処するため、まず直言を求めているのである。滑稽としか言いようがない。この時、筠州《きんしゅう》の推官（司法関係の官）、崔鶠《さいえん》が上書して言うには、そもそも四月は、陽が極めて盛んとなり、陰が極度に衰える時です。しかも陰が陽に移ろうとするため、変動は大なるものがあります。陛下におかれましては、ひたすら天威を懼れ、その明らかなる命を聴き、大いに乾《けん》剛《ごう》を運び（君主としての権威を示し）、事の善悪を示されますならば、天意もきっとその怒りを解くことでしょう、と（『通鑑易知録』巻七四）。

宋の徽宗の大観三年（一一〇九年）、方術を以て帝の寵愛を受けていた郭天信なる人物は、時の宰相である蔡京の執政が誤っていると強く考えていた。そのため、天文について上奏するたびに、名指しで蔡京を批判するとともに、太陽に黒点が見えると内密で報告した。帝は懼れ、ついに蔡京を罷免した（『通鑑易知録』巻七五）。

宋の高宗の建炎三年（一一二九年）六月、ひどい長雨が続いた。そのため、呂頤浩《りょいこう》、張浚《ちょうしゅん》（ともに高宗期の高臣）は謝罪して職を辞そうとした。さらに郎官以上に詔して、まつりごとの欠点を直言させることとした。この機に乗じて、趙鼎が上書して、今日の災厄は、王安石に始まり、蔡京によって決定的となりました。今、王安石は神宗とともに祀られ、蔡京の一味はなお除かれてはいません。これこそ、今日のまつりごとにおける最大の誤りであります、と訴えた。帝は、この言を納れて、王安石の配祭をとりやめ、さらに四失（四つの失点）を以て自らを責める詔を下した（『通鑑易知録』巻七八）。

宋の理宗の寶祐三年（一二五五年）正月、激しい雷鳴が鳴った。起居郎の牟子才《ぼうしさい》が上書して、上元（一月一五日。一年最初の満月を燈りをともして祝う）の夜は、祝いの燈を飾るべきではない、と主張したため、ついにその行事を取りやめとした（『通鑑易知録』巻八七）。

元の世祖至元三〇年（一二九三年）冬一〇月、彗星が紫微垣（北極の中枢に位置し、天帝の宮殿とされる星座）に流れた。これを凶兆と見て憂えた帝は、夜、ブクム（世祖クビライの高臣）を禁中に召しだし、天変を鎮める方法をたずねた。ブクムが言うには、風雨が天からやってくれば、人間は家屋を構えてこれに対処します。大河は大地を分断していますが、人間は舟で交通して対処します。天や地にできないことがあれば、人間がそれを行います。こうあってこそ人が天や地とともに三つながら宇宙を構成するというものです。かつまた人の子たる者は、父母が怒っても、それを憎んだり怨んだりはせず、うやうやしく孝の気持ちで接するものです。それ故に、『易経』震卦《しんか》・象伝《しょうでん》は、「君子以て恐懼修省す（雷などの天の怒りに対して、君子は驚き懼れ自戒する）」とあり、『詩経』大雅・板にも「天の怒りを敬する」とあるのです。夏殷周三代の聖王は、天の戒めに対してよく慎んだため、惨めな結末を迎えたことはほとんどありませんでした。漢の文帝の時、一日で二九の山が崩壊し、日食と地震が毎年発生するということがありました。しかし、文帝が古の聖王の道にならって天を敬したため、天もまた禍を下しすぎたと後悔したのか、世の中は平穏にむかいました。これこそ、前代の亀鑑、すなわち歴史の教訓というものです。願わくば、陛下もこれにならわれますように。こう述べて、漢の文帝の日食求言の詔（本書三五～三六頁参照）をそらんじた。これを聞いた帝は、慄然《りつぜん》として、その申しようは、深く朕の気持ちにかなうものである、と述べた（『通鑑易知録』巻九〇）。

元の仁宗の延祐四年（一三一七年）夏四月、旱魃が起こった。ある夜、坐していた帝が、近臣に向かって、晴雨が不順となるのは何故か、とたずねた。蕭拝住《しょうはいじゅう》（元中期の高臣）が答えて言うには、それは宰相の罪でございます、と。これに対して、帝が、そちは中書の職（宰相に相当）を勤めているのではないのか、と応ずるや、拝住は、おののき恥じ入るばかりであった。しばらく後、帝が屋外で香を焚き天に祈ると、大いに雨が降った。左右の者が、雨衣をすすめると、朕は民のために雨を祈ったのだ。その雨をなぜ避けねばならないのか、と帝は答えた（『通鑑易知録』巻九一）。

明の神宗の万暦九年（一五八一年）夏四月、帝が宰相の張居正にたずねた。淮《わい》、鳳《ほう》（現在の江蘇省北部、安徽省一帯）の地から毎年のように災害の知らせが届くが、一体何故か。張居正が答えて言うには、かの地はかねてより、災害が多く、豊作になることはめったにありません。元朝末年の反乱も、すべてそれが原因でした。この地に対しては格別の賑恤《しんじゅつ》（救済措置）を加えるべきです、と。さらに言葉を続けて、長江の南北は旱魃、河南は風災害、畿内では雨が降りません。租税を免除して困窮した者を救済すべき時です。陛下におかれましては、収入に応じて支出し、倹約を心掛けなされますように。たとえば宮廷の費用や衣服・車馬の類につきましては、減らすべきは減らし、賞賜についても削るべきは削られますように、と述べた（『明鑑易知録』巻一〇）。

明の懐宗の崇禎一三年（一六四〇年）二月、大風に巻き上げられた土砂が降り、そのうえ大旱魃となった。そのため天下に詔して直言を求めた（『明鑑易知録』巻一四）。

以上のような故事や史実は、例を挙げればきりがない。帝王達はいったい何故、天災の責任を引き受けなければならなかったのか。これは考察に値する極めて重要な問題である。しかも、古くは湯王の事例から、詔を下して直言を求めた明代の事例に至るまで、ほぼ同じ性格のものとして理解できるのである。

さらに帝王は、天変や旱魃、水害といった事態に対して責任を負うだけでなく、国都を囲む城郭内、あるいは宮城内部で何らかの大事件が発生した場合にも、やはり自ら責任を負わねばならなかった。たとえば、宋の寧宗の嘉泰元年（一二〇一年）春三月、臨安（南宋の都、現在の杭州）で大火事が発生し、四日間燃え続けた。そこで帝は、役人に詔を下し、罹災民に救助の手を差し伸べ、犠牲者の埋葬費用を負担するよう命じた。同時に、自分自身を責め、正殿を避け食膳を粗末にする旨の詔を下した。そのうえで、臨安府に対し、放火犯を捜査し、軍法を以て処罰するよう命じた。さらに銭一六万緡《びん》（一緡は銭一千文）、米六万五千石以上を、通例とは異なり、宮廷が直接支出することによって、被災した家々の救済にあてた（『続資治通鑑』巻一五六）。

宋の理宗の嘉熙《かき》元年（一二三七年）夏五月にも、臨安で再び大火が起こり、民家五三万戸が被災した。このとき、士庶を問わずこもごも上書して、いずれも済王が（宋の太祖の次子、秦王趙徳芳の後裔。理宗との後継争いに敗れた後、済王に封ぜられたが、謀反事件への関与を疑われて自尽した）冤罪であることを訴えた。進士の潘牥《はんほう》もまた、この問題の処理について献策し、史彌遠《しじえん》（理宗を擁立して専横を極めた宰相）の罪に言及している（『通鑑易知録』巻八七）。

こうした事実からは、火災までもが、天による譴責であると見なされ、また諫言する際に、説得力を有する論拠とされていたことが分かる。さらに元の英宗の至治三年（一三二三年）夏五月、奉元路（陝西省）にあった行宮《あんぐう》の正殿が火災で焼けた時、帝は群臣に対し、「世皇（クビライ）がお建てになったこの宮殿を、余が破壊してしまった。天下を治める器量が余に備わっていないためである」と告げている。たとえ一棟の宮殿であろうと、損壊すれば、皇帝として安穏とはしていられなかったのである（『通鑑易知録』巻九一）。

以上に列挙した帝王達は、時代が下るにつれ、しだいに権力が強大化し、地位もますます崇高なものとなった。かつての湯王のように、髪を切られ爪を切られたうえに、薪に横たわり、身を犠牲にして天に禱るということはなかった。しかし、遥か遠い過去の古い習慣は、依然として保たれ続けていたのである。やはり彼らには、異常現象や天変地異に責任を負う義務があり、そのような事態に遭遇すると、必ず詔を下して自らを責め、正殿を避け食膳を粗末にし、さらにその他様々の「スタンドプレイ」を行わねばならなかったのである。

運の悪い皇帝達のなかには、意気軒昂として、封禅儀礼（祭天の儀礼）の準備をし、自らの権勢を誇示しようとしていた矢先に、ごくごく小さな異常現象が発生したために、あたかも熱湯によって雪が溶けるように、興が冷めてしまうこともあった。たとえば宋の太宗の雍熙《ようき》元年（九八四年）、太宗趙光義は詔を下して、一一月に泰山で封禅の祭りを行うことを宣言し、翰林学士・扈蒙《こもう》らに対して、祭祀儀礼を細かく定めるよう命じた。ところが五月の時点で、思いもかけず、乾元殿ならびに文明殿で火災が発生してしまった。やむなく帝は封禅の儀式を中止し、直言を求める詔を下したのである（『通鑑易知録』巻六五）。

我々は、こう考えることができよう。たとえば漢の劉邦のようにゴロツキから身を起こしたばかりの皇帝には、もともと、皇帝であることの道理がそれほど分かっていなかったであろう。また、ちやほやされて育った皇帝は、自らの地位に溺れ、異常現象を自分自身が対処すべき事柄であるとは見なしていなかったであろう。たとえば宋の理宗の時、上述の如く、臨安で大火が発生して、士大夫、民衆がこもごも上書し、済王の冤罪を訴えた。その時、侍御史（側近の官で、帝の意を受けた）蔣峴《しょうけん》は、火災は天の定めにより起こるものであり、済王に関係あるはずがないと述べ、上書した者を厳しく処罰するように上言した（『通鑑易知録』巻八七）。

こうした道理が分からぬ皇帝を除外すれば、およそ君となり、王となった人物で、天変や災害に関心を示さなかった者は一人もいない。あるいは、内心ではバカバカしいと笑っていたかもしれないが、少なくとも表面上は、責任を引き受け自らを責める厳粛な態度を示さねばならなかった。一方、天下の人民は、皇帝が自らを責め直言を求める詔を発したと知るや、それによって心を落ち着かせることができたらしい。彼らは、天地を揺るがす大災害は、皇帝自らが彼らのために矢面に立って引き受けるのが定めであり、皇帝が自らを譴責し、過ちを改めた以上、天災は直ちに消滅するにちがいない、と考えていたのである。このような観念が、人々の焦慮や騒動の多くを減じてきたこともまた確かである。数千年来の古い歴史を背景とする中国社会においては、先に列挙した如く、時代ごとに、こうした芝居が演じ続けられてきたのである。

しかも、未開社会の「亡霊」は、現代の文明社会においても様々な芝居を繰り広げている。無論、表面的には、見てくれの良い仮面を付けてはいるが。

こうした野蛮の習俗に些かも心を動かされなかった人物は、古来、一体何人を数えることができるのだろうか。そうしたなかで王安石の「天変は畏《おそ》るるに足らず」という語（「祖宗は法《のっと》るに足らず」、「人言は恤《うれ》うるに足らず」という語とともに、変法政策を企図した王安石の決意を示すとされる言葉）は、大胆不敵な改革者による最も大胆な発言としなければならない。

五　祭師王

しかしながら、中国古代の帝王達は、大災害や、天変地異に対して責任を負えばよかっただけではない。日常の生活においても、彼らの支配が及ぶ範囲は、たんに司法、行政、立法といった、いわゆる「政治」の分野に限られてはいなかった。それらすべてに責任を負ったうえ、さらに民衆の精神的、宗教的な領袖であらねばならなかった。国中の人々が神に対して果たすべき義務を、彼はたった一人で引き受けなければならなかったのである。人々のために祈り、人々を導びき、神の前で崇敬の念を捧げる儀礼を執り行わねばならなかった。農耕社会である中国において、民の食物以上に重要なものはない。それ故、帝王達は、毎年必ず祈年殿（年は実りの意）で祈りを捧げ、自ら農具を手にして「親耕」するしきたりであった（図3参照）。皇后も自ら織物を織ることが、その大切な勤めであった。

今なお北京城の内外に点在する壇や廟の大がかりな建造物を思い起こせば、過去の社会において――過去の体制が消滅したのは、わずか二十数年前のことにすぎない――、万民の主たる皇帝が一体何を行わなければならなかったのか理解できよう。

ここに一枚の簡単な北京地図を開き、本書の所論と関係のない建物や場所をすべて省いてしまうと、そこに残るのは、天壇、地壇、日壇、月壇の四壇のほか、先農壇、社稷壇、先蠶壇《せんさんだん》、さらに太廟、孔子廟である（図4参照）。これらによって、皇帝が管掌しなければならなかった精神的、宗教的な職務の内容が、明白に理解できる。

まず、官僚の子弟達を教育する必要があり、国家の「先師」である孔子に対して礼を尽くさねばならなかった。国子監や孔子廟は、そのために建てられている。また、皇帝自らの先公列祖に対して祭りを捧げねばならず、太廟はそのための場所である。皇帝が支配する農耕社会では、一切が農耕を中心にして動いていた。それ故、先農壇が設けられ、天壇には祈年殿という特別の施設が設けられてい

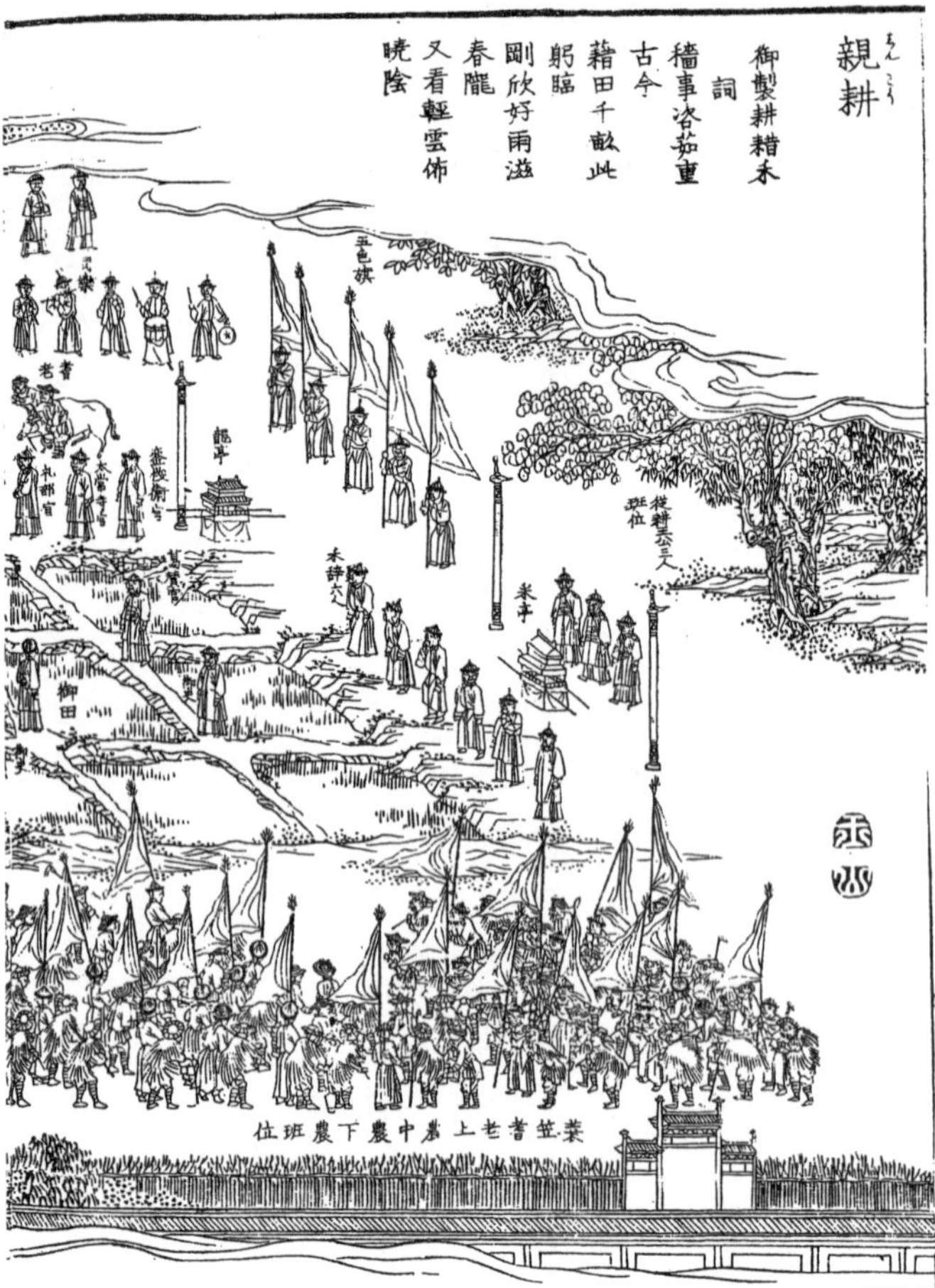
親耕《しんこう》
御製耕耤禾詞
穡事洛茹重古今
耤田千畝此躬臨
剛欣好雨滋春隴
又看輕雲佈曉陰
五色旗
龍亭
從耕王公三人班位
米亭
御田
蓑笠耆老上農中農下農班位

親耕図

名勝図会』)

図 3
(『唐土

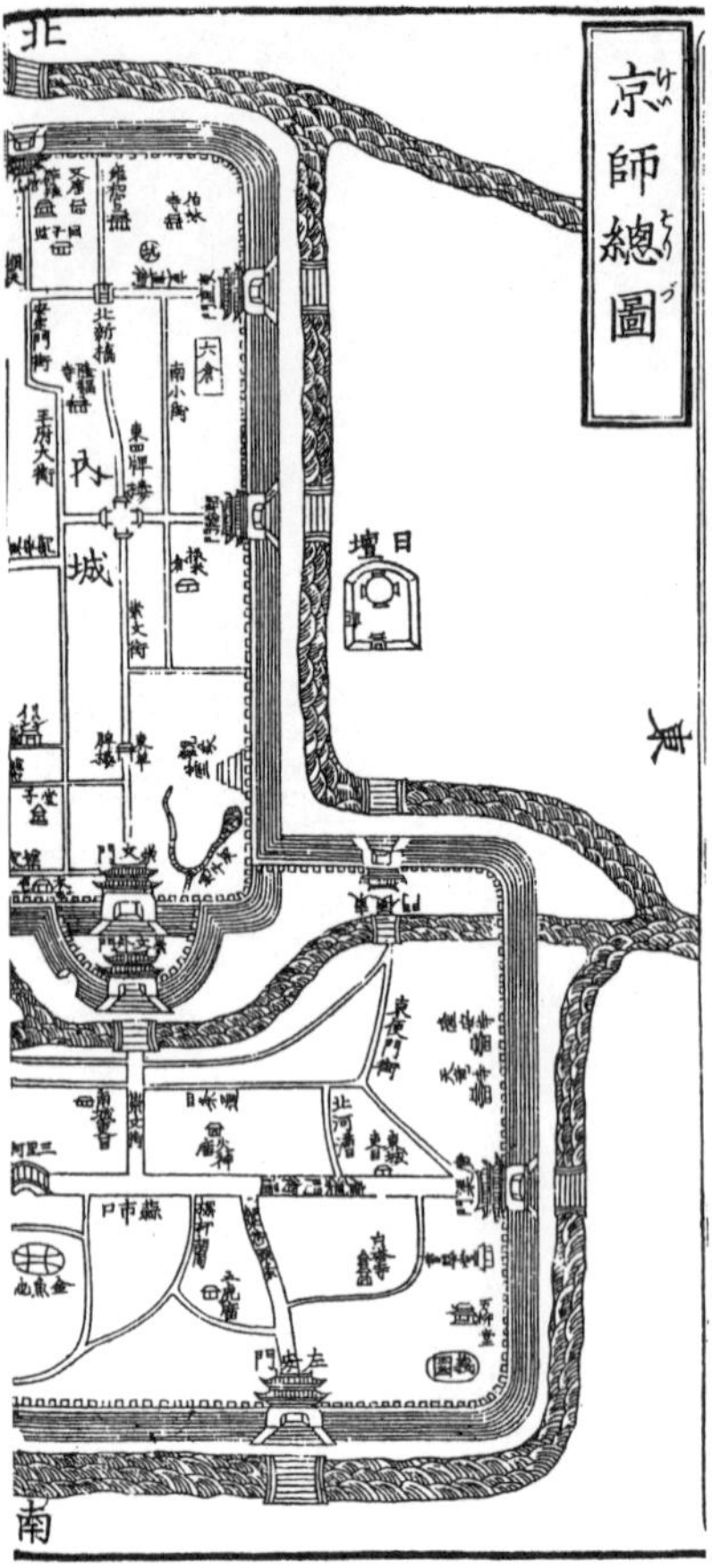
京師總圖
北
東
南
日壇
内
城
北新橋
南小街
左安門

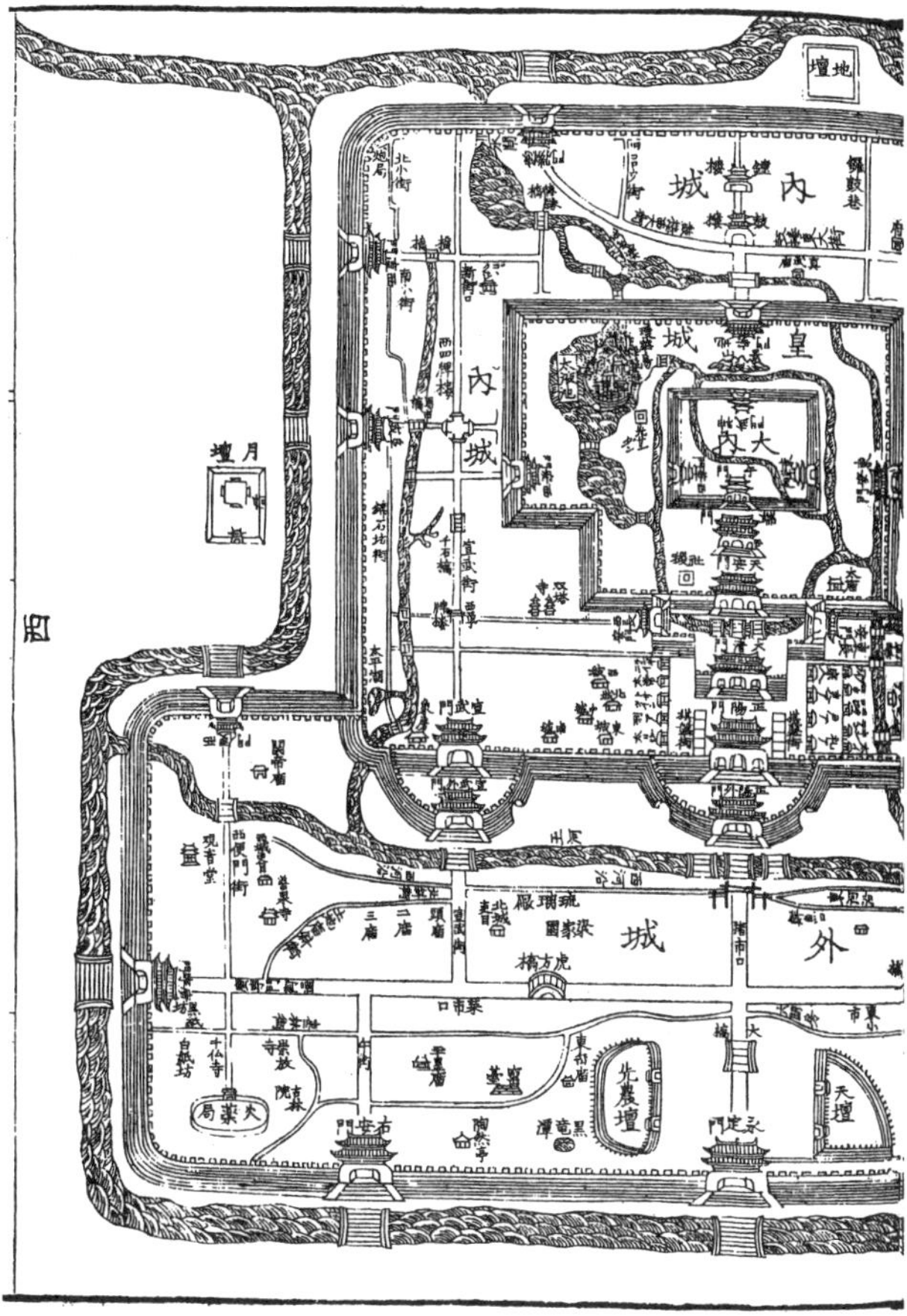

図4　北京図
(『唐土名勝図会』)

た。さらに、脈々と伝えられてきた習俗として、皇帝が尊崇する最高の神々、すなわち天の諸神に対し、極めて原始的かつ土俗的な宗教儀礼を捧げないでは済まされなかった（仏教、イスラム教、キリスト教などの教えが早くから伝播していたにもかかわらず）。このように皇帝が正式の祭祀対象としていたのは、「先師」孔子を除けば、天地日月などの自然神にほかならない。なかでも天帝が最も重要視された。自然神崇拝に基づくこうした祭祀儀礼は、少なくとも三千年以上にわたって踏襲されてきたと考えられる。

極めて興味深いのは、孔子に対する崇拝である。たとえば、漢代の士大夫達にとって、孔子崇拝はほとんど、食い扶持を確保するための一種のスタンドプレイであり、そのため孔子を仰々しく祭り上げ、一人の教主に仕立てあげた。当初、儒生を嫌っていた劉邦も、天下を手中にすると、もはや「馬上で天下を治める」ことは不可能であると悟り、太牢（牛羊豚の三牲が揃った供物）を以て孔子を祀らせたのである。

時代が降ると、一介の兵士から身を起こした後周の太祖・郭威であっても、孔子に対してどのように敬意をあらわすべきかは心得ており、廣順二年（九五二年）夏六月、曲阜に赴き、孔子廟に足を運んで拝礼を行うことにした。左右の臣下が、孔子は一陪臣にすぎません。そのような人物に対して、天子が拝礼を行う必要はございません、と止めようとした。しかし郭威は、孔子は百代の帝王の師であり、敬意を払わないでおれようか、と答え、遂に拝礼を行った。のみならず、孔子の墓へ詣で、周辺の林から薪を切り出すことを禁じ、孔子や顔回の後裔を訪ねて、それぞれに曲阜令および主簿（文書を扱う官）の地位を与えたという（『資治通鑑』巻二九〇）。

これ以降、新たな王朝が成立し、新たな皇帝が即位するたびに、孔子に対して敬意を示すことが通例となった。遊牧生活からいまだ脱却してはいなかったモンゴル人ですら、漢族の士大夫に知恵を付けられ、孔子を尊崇する必要性を理解した。たとえば元の世祖至元三一年（一二九四年）には、朝廷の内外に詔を下して孔子を讃え（『通鑑易知録』巻九〇）、また、同じ元の成宗大徳一一年（一三〇七年）には、次のような制を下し、「大成」なる謚号《しごう》を孔子に贈っている。

孔子以前の聖なる人々は、孔子がいなければ、その存在を知られることはなかった。孔子以後の聖なる人々も、孔子がいなければ、手本とすべき対象がなかった。そのため世間では、このことを、孔子は堯や舜を祖述し、周の文王、武王にのっとり、その結果、百王の手本、後の世の師表となった、と言うのである。その孔子に対し、今こそ、大成至聖文宣王の謚号を贈り、闕里《けつり》（孔子の旧居）に使者を派遣して、太牢を以て祭祀すべきである。ああ、孔子が高らかに唱えた父子の親、君臣の義は、とこしえに遵《のっと》り従うべき聖なる教えである。天地がいかに大きかろうと、日月がいかに明るかろうと、孔子が残した教訓の偉大さを覆いつくすことはできない。ねがわくば、我が王朝の教化を助け、皇室の存続に力をかしたまえ（『通鑑易知録』巻九一）。

極めて狡猾なゴロツキであった朱元璋にしても、やはり天下を手中にして以後は、孔子を崇める意味を理解していた。洪武一五年（一三八二年）、朱元璋は国子学に赴き、釈菜礼《せきさいれい》（開学時などに水草などを供えて祭る儀礼）を行ったが、それに先だち、諸儒に命じてその儀礼を具体的にどのように行うべきか議論させた。孔子は聖人であるとはいえ、一陪臣に過ぎず、礼としては一奠再拝《いちてんさいはい》（供物をそなえる奠礼を一度、拝礼を二度する）が適当であります、と論ずる者があった。すると朱元璋は、孔子の如き聖人について、世俗の身分位階に基づいて議論することができようか、と答えた（『明鑑易知録』巻二）。ただし、かくいう朱元璋も、孟子に対しては、あれほどの不敬を働いているのである（『孟子』には、「臣子」にあるまじき不適当な表現があるとして、その部分を節略した『孟子節文』なる書を作らせた）。こうした状況から、重要な事柄を読みとることができる。すなわち、彼らのように狡猾なゴロツキ上がりの皇帝達が、孔子に対し身を屈して拝礼を行った理由は、それによって君臣の分を明確にするというただ一つの目的にあったのである。

　漢代には、しばしば皇帝達が自ら学問を講じ、談ずるということがあった。たとえば宣帝は甘露三年（前五一年）、詔を発し、石渠閣《せききょかく》で儒者達に五経の異同を検討させた。議論の結果を蕭望之《しょうぼうし》らが上奏したのを受けて、宣帝は親しく制書を下して裁決し、梁丘賀（前漢の経学者）が伝えた『易』、夏侯（前漢の経学者、夏侯勝、夏侯建）が伝えた『尚書』、穀梁（戦国時代の春秋学者）が伝えた『春秋』をそれぞれ博士官に立てた（『漢書』宣帝紀）。さらに後漢の明帝の永平一五年（七二年）には、帝自ら曲阜へ赴き孔子の旧宅に至り、親しく講堂に出御し、皇太子や諸王に命じて経書を講じさせた

(『後漢書』明帝紀)。同じく章帝も、建初四年(七九年)、太常(宗廟の祭祀や儀礼などを掌る官)に命じ、大夫、博士、郎官、および諸儒を白虎観に会同させて、五経の異同を議論させている。この時もやはり、帝自らがその場で制書を下して裁決し、『白虎議奏』(これを基に班固が『白虎通義』を著した)を作成した(『後漢書』章帝紀)。これらの皇帝達は、結局のところ、宗教あるいは学問における指導権を太常や博士達と争ったのである。

要するに、中国古代の帝王達は、政治の上だけではなく、宗教上の指導者でもあった。「君」であり、また「師」でもあったのである。彼らは政治上の一切の責任を担うとともに、あらゆる宗教上の責任も担った。冒頭で見た湯禱の伝承は、中国の上代社会において二重の責任を担っていた祭師王が遭遇した悲劇のうち最も象徴的な例であると言えよう。

六 金 枝

では、いったい何故に古代の政治上の指導者は、宗教上の責任までも担わなければならなかったのか。イギリスの博学多識の老大家ジェームズ・フレーザー(James Frazer)は、その浩瀚にして深遠な著書『金枝篇』において、専らこの問題に焦点を当てて論じている。この書は、「王権の起源」というーつのテーマについて論ずるだけでも、分厚い二冊を費やすほどの大著である(なお『金枝篇』

には、全体の内容を一冊に圧縮した簡略版もある）。理論上の細かな問題に関しては、原著に当たりさえすれば——同類の書物が他にも有ることは言うまでもない——、充分、明らかになろう。ここでは、その内容を細かく訳述することは不可能であり、またその必要もない。ただ、古代社会にあって、「王」という称号は、「祭司」の職責と切り離すことができなかったという点だけは確認しておかねばならない。

古代イタリアのネミというごく小さな地方の林の中に、「月神の鏡」と名づけられた湖があり、まどろむように美しい景色の中で静まり返っていた。その北岸に広がる林のなかにディアナ・ネモレンシスという聖地があり、そこに一本の樹がはえていた。樹の下では、昼間はもとより夜間でも、つねに一人の人間が、白刃きらめく剣を手に握りながら見張っていた。彼は祭司であり、また殺人者でもあった。彼が警戒しているのは、自分を殺し、自分の地位を奪おうとする人物が、遅かれ早かれ必ず現れるからである。これこそが、この聖地に定められた掟であった。祭司になりたい者は、現在の祭司を殺さなければ、その地位を継承することができなかった。前任者を殺して、その地位を手中に納めた者は、その時点から、より屈強で、より知恵の働く人物に自分が殺される時まで、その地位を保つのである。

この祭司の地位には、もう一つ「王（林の中の王）」という称号が伴った。とは言え、世の中のあらゆる王冠の中で、彼が戴く王冠ほど、かぶり心地の悪いものはなかった。なぜなら前述の如く、彼は、首が奪われる危険に四六時中曝《さら》されており、筋力や武芸の衰えは、ただちに命にかかわる。しかも、最悪の結末を迎える日は、いつか必ずやって来るのであった。

さらに、樹の下の祭司は、必ず逃亡奴隷でなければならず、当然、彼の後継となる者も必ず逃亡奴隷でなければならなかった。挑戦に訪れた逃亡奴隷はまず、祭司が見張っている樹から枝を折り取る必要があり――これが決して容易なことではなかった――、この難関をへて、ようやく祭司と決闘する権利を手にすることができた。無論、決闘で命を落とせば、それまでであったが、幸いに勝利すれば、前任者の後を襲い、「林の中の王」の玉座に座ることができた。このように挑戦者が命をかけて手に入れようとした樹の枝こそ、いわゆる「金枝」である。この惨劇は、ローマ帝国の時代まで演じ続けられるが、後にローマ皇帝が森の神殿の財宝を略奪するため、この聖地を破壊するに至って、ようやく幕を閉じることになる。

「金枝」の伝承自体は、古代社会において、他に全く類例を見ない。ここで着目すべきは、いったい何故、かの祭司が、「林の中の王」とも呼ばれたのか、という点である。彼は、どうして国王の地位にあると見なされたのであろうか。

フレーザーの説によれば、古代イタリアやギリシアでは、王の称号と祭司の職責が結びつくのは、極めて普通のことであった。たとえば、ローマやその他のラテンの都市には、つねに「祭王」、「祭儀の王」と呼ばれる祭司が存在し、彼の妻もまた「祭儀の后」と称された。

また共和制のアテネでは、毎年の国事を執行する二番目の権力者が王と呼ばれ、その妻はやはり后と呼ばれた。両者の役目はともに、宗教的な役割を果たすことであった。アテネ以外のギリシアの共和制諸都市にも、やはり王の称号を有する者が存在し、彼らの職責はほとんど祭司と同じであった。また、そのような王の称号を有する人物が何人か存在し、順番に勤めを果たす、という都市国家もいくつかあった。

ローマに「祭王」が誕生したのは、王制の廃止後とされているが、それは、かつて国王が執り行っていた祭礼を行う必要があったからである。ギリシア諸都市に祭祀を司る王が存在したのも、同様の経過をたどってのことであった。またギリシア史において唯一、王国であるとされるスパルタでは、天の子としての国王が、国家規模の祭祀をすべて取り仕切った。しかも、そうした祭司としての職務が国王の地位と不可分であるということを、すべての人が意識していたのである。ほぼ同じような状況が、小アジアや古代チュウトン族などにおいても見られた（以上は、フレーザーの説に基づく）。

一方、中国古代の国王達が、政治上の責任と宗教上の責任をあわせて担っていたことを示す証拠は、すでに述べたように甚だ明瞭に残っている。

しかし国王の職責は、たんに祭司の役割を果たすだけにとどまらなかった。未開社会において、国王はマジカルな力を有するシャーマン、さらには風・雨・穀物の実りなどをもたらすことのできる神であるとも見なされた。もっとも、古代宗教の教主や神々の受難と同様、当時の国王達は、人々の願望がかなえられない時は、しばしば苦難を引き受けなければならなかった。かつてイギリスで、民俗学者や比較宗教学者が、キリスト教会における「散福」(信徒にパンを配ること)は、イエスを食することにほかならないと主張して、敬虔な信徒達に大きな衝撃をもたらしたことがある。我々の中国社会でも、僧尼達が、佛や神に供え終わった饅頭や餅、団子の類を施主の家に配るが、それを食べると福が得られると考えられている。実際、古代社会では、「イエスを食する」ことに類する残酷極まる事態が本当に発生していた。「教主」としての役割を兼ねる国王は、しばしばそのような受難から免れることはできなかったのである。

未開社会の人々はまた、神に祈っても効き目がない時、絶望のあまり、しばしば、怒りを神そのものに向けた。願いを聞き届けない神は、これを鞭打ち、これを侮辱することによって、その霊力があらわれることを期待したのである。中国でも、雨乞いをする時、雨神《うじん》としての龍王の像を鞭打つということが、いまなお見られる。

古代ギリシアの神話にも、恐ろしい伝承がある。古代のアッカイ地方では、飢饉や伝染病がおこると、ラヒィスティウス山の頂で、国王を犠牲として最高神ゼウスを祭らなければならなかった。なぜなら、彼らの祖先達からの言い伝えでは、国王だけが民衆の一切の罪を背負うことができ、また国王一人だけがそれを贖《あがな》うことができたからである。その地を汚《けが》す一切の不浄が、国王の肉体に集中すると考えられたのである。それ故、この地方が大飢饉に見舞われた時、ゼウスの祭祀をつかさどる神官は、年老いたアッカイの国王アタマースをラヒィスティウス山の頂に連れていき、ゼウスに捧げたのであった（拙稿「ギリシアローマ神話の英雄伝説」、『小説月報』二一巻一号、一九三〇年、『全集』一八巻所収）。

本章で取りあげた湯禱の伝承は、これと全く同一であると言えよう。「私一人に罪があるならば、万民には何の責任もありません。万民に罪があるのならば、その責任は私一人が引き受けます」という湯王の禱りの言葉そのものが、この伝承が決してデタラメではないことを証明している。

後代の帝王達も、国のいかんを問わず、やはり一人で全民族の災厄を引き受けるという重大な職責を担っていた。ギリシアの悲劇作家ソフォクレスの名作「オイディプス王」は、次のような場面から始まる。テーベの王宮の門前に、長老や青年たち、さらに未婚・既婚を問わず女性達が集まっている。なかには黒衣を身につけている者もいる。群衆の間から、泣き叫ぶ声があがっている。突然、大声で叫ぶ者があった。「オイディプス、聡明なるオイディプス、あなたは我々を救うことができないのか！　我らの国王よ」。この時、テーベはすさまじい疫病に見まわれており、人々は国王に救いを求めたのである。

しかし、文明が進んだ社会にあっては、こうした現象は、あの広陵散（晋の嵇康の刑死によって伝承が途絶えた琴の名曲）と同じく、しだいに消えゆく運命にあった。国王もまたしだいに、精神上、宗教上の職責を担う必要がなくなる。しかし、我々が生きる中国では、この極めて古めかしい習俗がそのまま保存されている。国王はしばしば、同時に祭司でもあり、天下万民のために一切の罪と穢れを引き受け続けてきた。この不文律がやっと消滅してから、今日まで、ほんのわずかの時間しか経っていないのである。

七　結　語

最後に、もう一点、極めて興味深いことを述べておきたい。すなわち中国においては、帝王だけではなく、地方長官もまた、数千年にわたって、「君」であると同時に、「師」でもあるという二つの重責を担《にな》ってきたということである。彼らは、行政上の長であり、かつまた宗教的な指導者でもあった。

中国各地の県城について、少し細かく観察すれば、その構造が極めて単純であることが分かる。まず県の衙門《がもん》（役所）の近くに、土穀祠（土地神廟）が鎮座している。衙門と肩を並べて立つのが城隍《じょうこう》廟《びょう》であり、城隍神はいわば冥界の県官である。そのほか文昌閣（本来は、北斗星のそばにある星座で功名や禄位をつかさどったが、後に科挙受験者の守護神となる文昌帝君をまつる閣）、文廟（孔子廟）があり、ともに士大夫の子弟達と密接な関係がある。さらに、財神廟、龍王廟、関帝廟、観音閣などが並び立つ（図5参照）。ほとんどすべての県城が、同じような構造と配置から成り立っており、しかも、それは皇帝の都城ともかなり共通している。

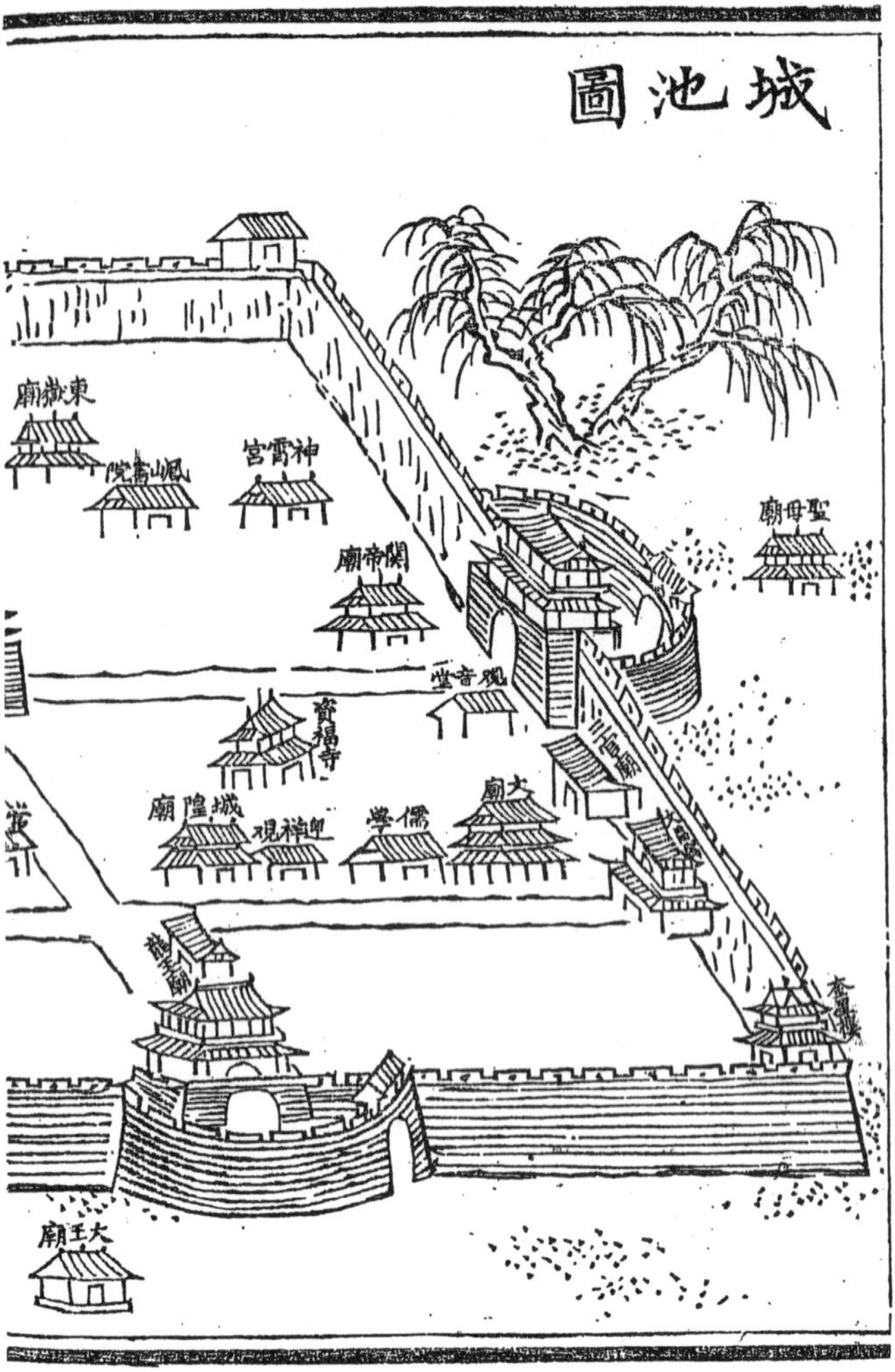

県城図

巻一・城池図）

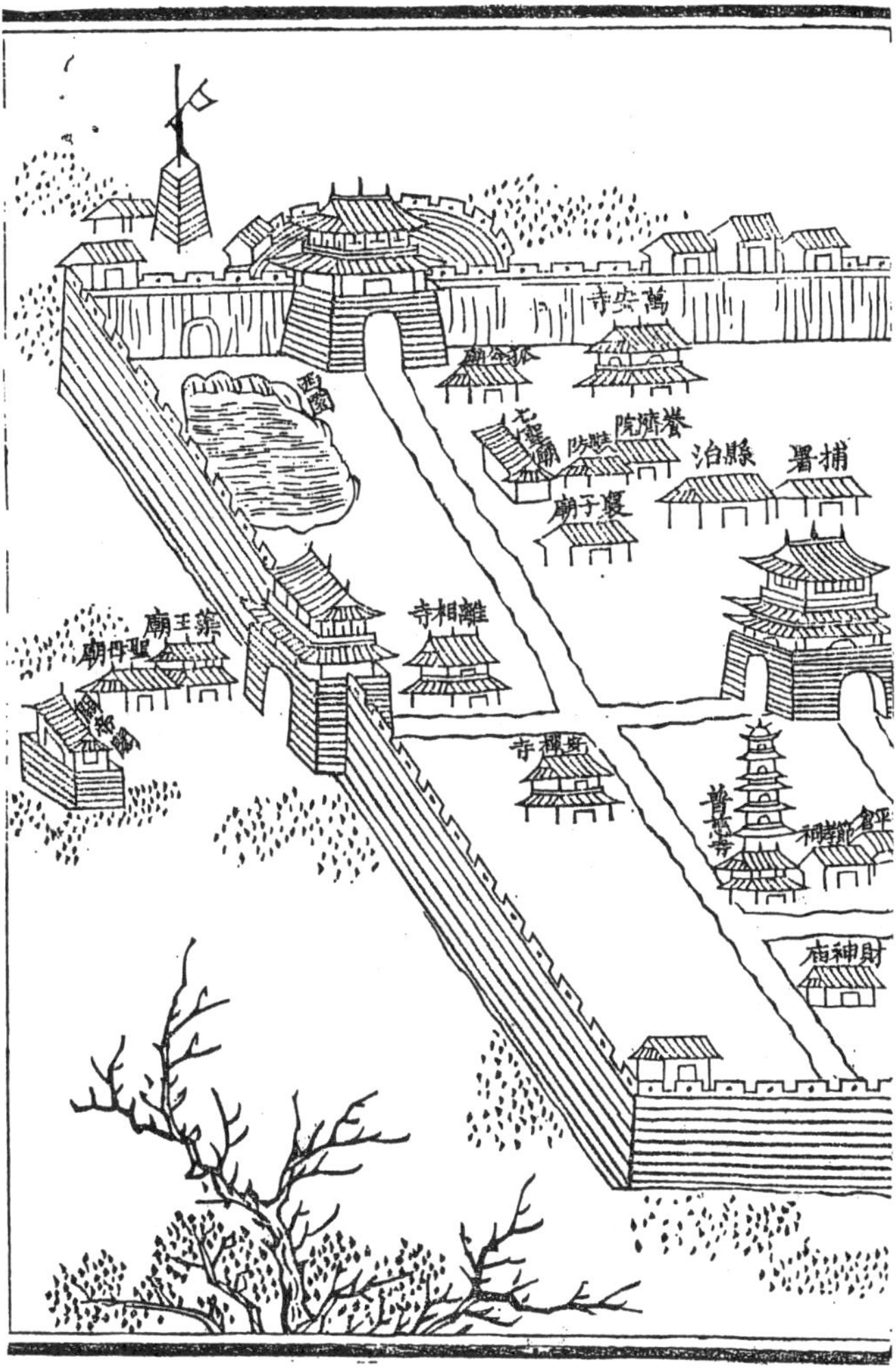

図 5
(『大谷県志』

を祀る図

の海潮に対して，二跪六叩首している。

一・年中行事)

図 6　海潮

地方官が，豚，羊，酒を供え，銭塘江沖

(『清俗紀聞』巻

県を治める知県は、その職責からすれば、まさにミニ皇帝と形容するのがふさわしい。彼は着任すると、まずそれぞれの廟に出向き香を焚くしきたりであった。毎年元旦には、天を祭り、臣下をともない春牛を打つ（泥土で作った牛を鞭打ち、春耕の開始を象徴・予祝する儀礼）ことになっていた。大火災が発生すれば、真夜中であろうと、寝ぼけ眼をこすりつつ官服を身につけて、現場に駆けつける。そうして鎮火を見届けた後に、ようやく役所に戻ることができた。大旱魃、大水害がおこれば、人々を動員して、雨乞いを行い、あるいは天が晴れるように祈らねばならなかった。時には龍王に請う儀礼（ミミズや水蛇など水生動物を龍神に見立てて祭り、雨を請う儀礼）を行い、時には土偶を迎える儀礼（泥土で作った龍神像を祭って雨を請う儀礼）を行った。さらに殺生を禁ずるおふれを出し、廟に出向いて香を焚き、率先して膳を減らし食事を粗末にしなければならなかった。

これらのことは決して、彼らが善良な官僚であるために、民衆を憐れみ思いやって行ったわけではない。民を直接治める地方官として、誰もが必ずこのように振る舞わねばならなかったのである。彼らは、その地方の行政上の責任だけでなく、その地方の一切の災難および一切の宗教上の責任を負わねばならなかった（図6参照）。すべての知県、知府がかくあらねばならず、ひいては省の巡撫も同様であった。要するに、彼らは目の前にいて手の届く皇帝なのであった。逆に言えば、皇帝とは巨大化した地方官なのであって、両者の性格は、実質的にはそれほど隔たってはいなかったのである。

唐代きっての儒学者、韓愈は、宗教を退け迷信に反対し、主君憲宗が仏舎利を宮廷に迎えようとするのを諫めた。その韓愈にして、潮州刺史《しし》に任じられるや、早速、「鰐魚《がくぎょ》を祭る文」（住民や諸動物に被害を与えるワニに対し、七日以内に南海へ移動するよう要求した祭文）のごとき文章をしたためて、地方官であり、また宗教上の指導者でもあるという性格を露呈している。

そのほか、数多《あまた》の地方官が、虎を駆除する、神に裁断を委ねるといった、要するに宗教的行為と区別できない各種様々の事柄をあれやこれやと繰り広げてきたことは、もはや説明する必要はなかろう。彼らは、まるで崔《さい》子玉《しぎょく》（唐・太宗の時の人とされる名裁判官）や包拯《ほうじょう》（北宋・仁宗の時の名裁判官）のように、昼間には人間界のことを裁き、夜には冥界のことを裁くといった、半ば神の如き人物であったのである。

今日現在、我々が生きるこの社会においてなお、失笑を禁じ得ないような事柄に出会うことがよくある。たとえば、あの張昌宗（民国、奉天派の軍人）が山東で実権を握っていたとき、雨が長々と降り続くことがあった。そこで彼は、泰山の山頂に、二門の大砲を据え、天に向かって打ち放し、それによって天候の回復を祈った。天に対しては甚だ無礼な所業ではあったが、果たして実際に効果があり、ほどなくして雨が止み晴れ上がってしまったと聞いている。

さらに、いくつもの省の長官が現在もなお、大小の官吏を従えて孔子を祭っている。宗教的指導者としての側面を、あくまで捨て去ろうとはしないのである。また、聞くところによると、今年黄河が決壊したとき、ある省の主席は、以下のような厳命を下したという。曰く、おおよそ黄河沿岸の各県の知県はみな、寝具を携えて黄河の堤防に赴き洪水に対処すべし。危機的状況を脱するまで、役所に戻るべからず、と。またある時、某市で大火災が発生した。そのため公安局長の某氏は、自ら消火に駆けつけ、鎮火に至るまで現場にとどまって監督にあたったという。これらの人物は、やはりいずれも「善良な官僚」として評価されているという。さらに付け加えるなら、旱魃に際しては、今なお多くの地方で、殺生が禁じられている。

以上は、手近なところで目に触れた幾つかの例を挙げたにすぎない。もし読者がほんの少しでも、こうしたことに注意して新聞を読まれるならば、おそらくいくつもの珍談奇談を探し出すことができるにちがいない。

我々が生きる社会は実際、これほどまでに古めかしい社会なのである。未開社会の野蛮な習俗や「精霊」が、かくも頑強に我々の社会において祟りをなしている。妖怪撲滅運動が起こるのは、不可避のことなのである。

一九三二年一二月二日、北京にて脱稿

（『東方雑誌』三〇巻一号、一九三三年一月）

第二章　玄鳥篇　感生篇

天、玄鳥に命じ
降りて商を生ましむ
殷土の芒芒《ぼうぼう》たるに宅《お》らしむ

天は燕に命じて
地上に降りて契《せつ》（殷の始祖）を生ませ
殷の広大な領土におらせた

一　玄鳥説話

右に掲げたのは、『詩経』商頌・玄鳥篇の冒頭部分である。『史記』殷本紀は、この玄鳥の物語について、さらに詳しく記している。

殷の始祖である契《せつ》の母は名を簡狄《かんてき》と言った。有娀氏《ゆうじゆうし》の女《むすめ》で、帝嚳《ていこく》の次妃であった。ある時、供の者を連れ、三人で水浴に出かけると、玄鳥が卵を落とすのが目に入った。簡狄が拾って呑み込むと、それによって妊娠し、契を産んだ。

また『楚辞』天問にも、

簡狄、台《うてな》にあり　簡狄は高殿にいたが
嚳《こく》なんぞ宜《よ》しとせり　帝嚳《ていこく》はどうしてその簡狄を気に入ったのか
玄鳥、貽《おくりもの》を致す　玄鳥が卵を落とすと
女何ぞ喜べる　簡狄はどうして喜んで呑み込んだのか

と伝えられており、玄鳥説話が、古い起源を持つことが分かる。さらに、『史記』秦本紀によれば、秦の祖先もまた玄鳥に出自する。

秦の祖先は、帝顓頊《せんぎょく》の子孫であり、名を女修という。女修が、機織りをしている時、玄鳥が卵を落としていった。女修はそれを呑み、大業を生んだ。

これらの説話に見える玄鳥とは、我々が普段見かける燕にほかならない。燕の卵を呑んだために、妊娠して子供を産み、その子供が成人して開国の祖になるといった伝説は、現在の歴史家の目から見れば、根拠のない作り話、あるいは、とるにたらぬ荒唐無稽の神話としか思えないだろう。しかし、事柄はそれほど単純ではない。古代の伝承は決して、そのすべてが荒唐無稽で、根拠のない作り話というわけではない。また、後人のでっち上げというわけでもない。我々が認識すべきは、人類の文化は少しずつ未開から進歩してきたのであり、未開社会の信仰や伝承の多くは、現代人の直感によって、修正を加えたり、否定したりすることはできない、ということである。荒唐無稽と見なされる伝承の

図７　玄鳥婦壺（罍）銘文
この銘文は「玄鳥婦」と読み，作器者は簡狄の後裔で，
玄鳥をトーテムとする殷代の女性貴族であるとされる。
（『殷周金文集成』9794）

多くは、それが生み出された社会においては、決して作り話であるなどとは見なされず、人々は確かに、その通りであると固く信じていたのである。

したがって、伝承は、荒唐無稽であればあるほど、確かに未開社会で生み出されたものと考えられる。換言すれば、確実に由来の古い伝承であると断ずることができるのである。

そうした未開社会の残存物や信仰は、表面的には完全にその姿を変えながら、今なお現代人の無意識のうちに保存されている。玄鳥の伝説もまた、そのような例の一つである。

二　食べ物と受胎

玄鳥の伝説については、二つの方向から分析が可能である。第一に、このような伝説が生まれるためには、人間の誕生と食物摂取との間に一定の因果関係があると信じられていなければならない。まずは、この点について考えてみよう。

一般に、未開社会では、女性が意識的であれ、あるいは無意識的にであれ、何かを食べたり呑んだりすると妊娠すると信じられている。そこでは、人間の生物的な能力と妊娠との間に関係があるとは、ほとんど考えられておらず、妊娠や出産は、超自然の神秘的な出来事であると受け止められている。ある種のものを口にすれば、妊娠すると考えられているのである。またマジカルな力も、妊娠を助けることがあると見なされている。このように妊娠という事柄に、人間の力が関与することはほとんどないと考えられているため、処女が妊娠して子供を産むこともしばしば起こり得るのである。

魚や果物は、妊娠の手段として常に持ち出される。たとえば、スラブ系の説話には、魚を妊娠の原因とするものが極めて多い。レスキーンとブルーグマン（ともに一九世紀ドイツの言語学者）の共著『リトアニアの神話』の附注には、そのような例がいくつも挙げられている。ある説話では、一人の漁師が、一匹の魚を三つに切り分け、彼の妻と、彼が飼っていた牝馬と雌犬に与え、鱗《うろこ》のついた皮は煙窓に懸けておいた。すると魚を食べた妻と馬と犬は、そろって双子を産んだという。またチェコの説話では、ある国王が金のヒレをもつ魚と銀のヒレをもつ魚をそれぞれ一匹捕まえた。彼と后《きさき》が、それぞれ一匹を食べると、后は双子を産み、その額には、それぞれ金の星と銀の星があったという。

アファナシエフ（一九世紀ロシアの民俗学者）『ロシア民話集』によれば、子供のない国王が、通行人の便宜を考えて橋を造った。完成すると、召使いに命じて、橋のたもとに隠れ、人々の評判を探らせた。その報告によれば、二人の乞食が橋を渡り、一人は国王を頌《たた》え、別の一人は国王に子供が授かるよう祈るべきだ、と口にしたとのこと。国王はすぐさま、今から夜通しで絹の漁網を編みあげ、明朝、鶏が時を告げる前に完成させるように、との命令を下した。その網を海に打つと、たちどころに金色の魚を捕えることができ、后にそれを食べさせると、王子を授かったという。ポーランドの伝説でも、ジプシーの女性が、子供のできない貴族の婦人に教えて、腹に卵がつまった魚を海で捕らせた。その卵を月半ばの黄昏《たそがれ》に食べると、果たして彼女は子供を産むことができた。その際、魚の卵を少しだけ口にしたメイドも、同じように子を一人産んだという。

エスキモーにも次のような話が伝えられている。久しぶりに夫に会った女性が、袋の中から雄雌二匹の干した小魚を取りだし、もし男の子が欲しいなら、私が雄の魚を食べ、女の子が欲しいなら、雌を食べることにします、と言った。女の子を望まなかった夫は、雌の魚を自分が食べることにしたが、なんと彼自身が女子を産んでしまったのである。

ベトナムでも、次のような説話が広く知られている。一人のものぐさな男が、小舟のうえで寝ていると、一匹の魚が飛び込んできた。つかまえて、鱗は落としたものの、水につけて洗う気にはなれず、そのまま舟の上で日干しにしていた。ところが、一羽のカラスがそれを銜《くわ》えて王宮に運んでいってしまった。宮女がその魚を料理して、お姫様の御膳にならべて食べさせると、お姫様はそれが原因で妊娠し、一人の男子を産んだ。そこで国王は、国中の男を集め、婿選びを行うことにした。くだんのものぐさな男が小舟をこいで、宮殿の前まで来ると、お姫様の産んだ子が、その男を遠くから見付け、お父さん、と叫んだ。国王は男を前に召し出し、お姫様を嫁がせることにしたという。

インドには、果物を食べた結果、妊娠して子供を産んだという話が非常に多くある。よく名の知れたソーマデーバ（一一世紀カシミールの詩人）の『カターサリットサーガラ』（物語のあらゆる河川が注ぐ海の意。すなわち印度古典説話の総集）によれば、インディバラセナ（魔剣を使い世界を征服したという伝説上の王子）と彼の弟は、彼らの母親が二つの仙果を食べたために生まれたのであった。また、あの英雄ビィクラマディチャ（グプタ朝第三代の王、チャンドラグプタ二世）も、母親が夢の中でシヴァ神に出会い、授けられた果物を呑み込んで、彼を産んだのだという。

満州族の祖先もやはり、仙女が赤い実を食べた結果生まれたと伝えられている。

山の麓にプーアルフリという名の池があった。言い伝えによれば、そこで三人の天女、すなわち長女のエンコルン、次女のチョンコルン、三女のフコルンが水浴びをしていた。浴び終わる頃、天の使いである神鵲《しんじやく》（鵲はかささぎ）が赤い実をくわえて飛んできて、三女フコルンの衣裳の上に実を置いていった。フコルンがそれを口に含むと、たちまち腹の中に入り、子供を授かってしまった。フコルンは二人の姉に告げて言った。私は身ごもり、飛べなくなってしまったわ。どうすれば、よいのかしら、と。二人の姉は応えた。私たちは仙人の戸籍に名前を連ねているのよ。

心配することはないわ。今度のことは、天があなたに子を授けた、ということよ。子供を産んでから戻っても、決して遅くはないわ、と。言い終えると、二人はフコルンを残して飛び去った。

やがて、フコルンは男子を産んだ。その子は誕生した時から、しゃべることができ、体つきも顔だちも大変立派であった。母親は、子供が成長すると、赤い実を呑んで妊娠した経緯を語ったうえで、お前は愛新覚羅《あいしんかくら》（愛新は金の意、覚羅は姓を意味する）を以て姓としなさい、と命じた（『東華録』天命一）。

そのほか、泉の水を飲んで妊娠し子供を産んだという説話もある。トゥジャムの説話では、ある娘が森を歩いていた時、のどの渇きを覚えた。ちょうど岩の間から、水がしみ出して流れ、泉となっているのが目に入った。そこで泉に入って水を飲み、しばらく水浴びをした。その後、近くで働いている父親のところに戻ると、父は泉の場所をたずねた。父も水が飲みたくなって行ってみたが、泉はすでに干上がってしまっていた。娘はこれが原因で妊娠し、男子を産んだ。また、ハンガリー南部のジプシーの間に伝えられる伝承でも、子供のない女性が、女シャーマンの指南により、ある種の液体を飲んだところ、妊娠し、子供が産まれたという。

中国古代の伝承も、玄鳥の卵を呑んで妊娠したという話にとどまらない。たとえば、禹は、母親が珠を呑んで生まれたと伝えられている。『路史』後紀巻一三には「初め、鯀《こん》は有莘《ゆうしん》氏の志という名の女性を娶ったが、これこそ禹の母、修己《しゅうき》である。彼女は年を経ても子供ができなかったが、石紐《せきちゅう》の地で石のようなものを手に入れ、これを呑み込むと、ついに妊娠した」と記されている。『遁甲開山図《とんこうかいざんず》』栄氏注（『繹史』巻一一所引）には、「女狄《じょてき》は、ある日の夕方、石紐山のふもとの泉にいたり、そこで鶏の卵のような形をした月の精を手に入れた。気に入って呑みこむと、ついに妊娠し、その後、一四ヶ月で夏禹を産んだ」とあり、さらに『蜀王本紀』（『太平御覧』巻八二所引）にも、「禹は、石紐の地で誕生した。禹の母は珠を呑んで妊娠し、禹は母の体を裂いて生まれた」とある。

禹の母親が呑んだのが、月の精であったのか、珠であったのかについては、ここでは詮索しない。また他の多くの説話では、食べたり呑んだりしたものが卵や魚や果物であったり、あるいは泉の水であったりするが、それもここでは問題ではない。重要なのは、それらの説話に通底する一つの観念である。すなわち、何かを口から体内に取り込むことによって、妊娠が可能になると考えられていたことである。未開社会の人々にとっては、あらゆる自然現象が神秘であった。自分自身の生理現象についても、全くわけが分からず、薬を口から飲んでけがや病気が治るのと同様、口から食べたものによって妊娠することができる、と信じていたのである。

これは、デタラメな人間による妄言ではない。未開や半文明の社会の人々の間では、確かな真実なのである。のみならず、今日のいわゆる文明社会においても、なお、この種の観念を抱く人々が存在している。たとえば中国でも、「服食（道家の食事療法）」により子供を授かるという「秘法」を信じる人は、昔から少なくない。

三　感応と受胎

以上のように、実際に何かを食べることで子が授かると考えられただけでなく、たとえ夢の中ででも何かを呑めば、同じ効果があると考えられた。たとえば『明史』巻一・太祖本紀によれば、朱元璋の誕生は、母親が夢の中で一粒の丸薬を呑んだ結果であるという。

母の陳氏が身ごもった時、神が一粒の丸薬を授ける夢を見た。それは掌《てのひら》に載せると光を放った。呑み込むと同時に目が覚めたが、口には丸薬のにおいが残っていた。誕生の際には、部屋中に赤い光が満ち、その後も、夜になるとしばしば光があらわれた。光があらわれるたびに、隣り近所の人々が、驚いて火事かと思い駆けつけたが、行ってみると何事もなかった。

口から何かを摂取することが妊娠をもたらすだけでなく、以下に述べるように、極めて不可思議な「感応」が、同様の結果をもたらすこともあった。こうした「感生」の例は、中国史上、枚挙にいとまがない。最もよく知られているのは、周の始祖、后稷《こうしょく》についての説話である。『史記』周本紀には次のように記されている。

周の后稷は名を弃《き》という。彼の母親は、有邰氏《ゆうたい》の娘で、帝嚳《ていこく》に嫁いで后となった姜原《きょうげん》である。姜原は、ある日、野原に出て、巨人の足跡を見付ける。すると心がひとりでに楽しくなり、それを踏みたいと思った。踏んでみると、腹の中で何かが動き、身ごもったように感じた。はたして一年が過ぎると子供を産み落とした。

同じことが、『詩経』大雅・生民篇には、次のように謡われている。

帝の武《ぶ》を履《ふ》み、敏《たちま》ち歆《よろこ》び　　帝の足跡を履み、たちまち喜び
介《かい》するところ止まるところ　　天の恩寵が加わって身にやどる
載《すなわ》ち震《みごも》り載《すなわ》ち夙《つつ》しみ　　かくて身ごもり慎んで
載ち生み載ち育て　　かくて生み落とし育てあげた
時《こ》れ維《こ》れ后稷なり　　これこそ后稷なり

このように、母親が巨人の足跡を踏んで感応した結果、生まれたのは、后稷だけではない。たとえば司馬貞が補い『史記』の冒頭に配した「三皇本紀」によれば、庖犧《ほうぎ》氏（伏犧《ふっき》）もまた、母親が巨人の足跡を踏んだために生まれたのである。

太皞庖犧《たいこうほうぎ》氏は、風姓であり、燧人《すいじん》氏に代わって天命を受け継ぎ地上の王となった。母親は華胥《かしょ》といい、雷沢で巨人の足跡を履み、成紀なる地で庖犧を生んだ。

同じ伝説は、『帝王世紀』（『礼記』月令・正義所引）にも見えている。また『詩含神霧《しがんしんむ》』（『太平御覧』巻七八所引）には、「巨人の足跡が雷沢に出現し、華胥がこれを履んだ」とあり、『孝経鉤命決《こうめいけつ》』（同前）にも、「華胥は足跡を履んで、奇妙なことに皇犧《こうぎ》を生み落とした」とある。

このほか、古史伝説の中には、神龍に感じて子を産むという話も少なくない。すなわち司馬貞の補った『史記』三皇本紀は、神農氏の出生について、次のように記している。

炎帝神農氏は、姜姓《きょう》である。母親は女登といい、有蝸《ゆうか》氏の娘で、少典（上古の帝王。黄帝、炎帝の父）の妃である。神龍に感じて炎帝を生んだ。

この司馬貞の記述は、明らかに『春秋元命苞』（『路史』後紀巻三所引）に基づいており、そこにはやや詳しく、

少典の妃である安登が、華陽に遊んだ時、神龍の首があわわれた。これに常羊の地で感じ、その神の子を生んだ。人面龍顔で農耕を好んだ。これこそ神農である。

と記されている。尭についても、神農氏の出生説話と判を押したようにほぼ同じ内容の話が、「帝尭碑」（『路史』後紀巻一〇所引）に伝えられている。

その祖先は、塊鬼《かいかい》の地の出で、翼火《よくか》（南方の星座、翼宿。南方は赤・火を象徴するため翼火ともいう）の精である。ある時、神龍の首が常羊の地に現れ、慶都《けいと》がこれと交わって、かの尭を生んだ。通常の人間とは異なり、龍顔で日角（眉骨が丸くもりあがり、額骨が突起している帝王の顔相）であった。

昔の人は、眉骨がもりあがった、いわゆる龍顔を神秘的で高貴な帝王の象徴とし、讖緯家《しんいか》達はとりわけ力を入れて喧伝《けんでん》に勉めた。それ故、母親が龍に感じて生んだという話は、帝王の感生説話の中で

最も普遍的に見られる。龍に感じて帝王を生むというこうした説話は、母親が「帝の足跡を履」んだために誕生したという上述の后稷説話と、基本的に同一のものである。

漢の劉邦に関する多くの説話も、やはり誕生について不可思議な現象を伝えている。

かつて劉媼《りゅうおう》（媼は老婦人の通称）が大きな池のほとりで休んでいる時、神と交わる夢を見た。ちょうどその時、雷鳴がとどろき稲光がして、あたりは真っ暗になった。太公が様子を見に行くと、蛟龍《こうりゅう》が劉媼のうえにいるのが目に入った。その後、劉媼は身ごもり、高祖を産んだ（『史記』高祖本紀）。

『漢書』高帝紀の記載もほぼ同様であり、要するにこの話は、如上の神農や帝堯の誕生説話と全く異なるところがない。讖緯家たちは、これを次のように附会している。

赤龍が、女媼を感じさせたため、劉季（劉家の末子、劉邦）が天子として立つことになった（『太平御覧』巻一三六所引『詩含神霧』）。

しかし、母親が龍に感じた結果、誕生したというのは、時代が降ると、あまりにも道理が通らぬこととされた。しかも倫理に悖《もと》るきらいもあった。天命を受けて誕生する開国の帝王に、母親だけがあって父親がいないということが許されようか。あるいは、神龍などという尋常ならざるものの子であってよいのか。

そこで後代人は、こうした内容の感生説話に次々と修正を加えていった。その結果、帝王は龍と人間とが交わってできた子供なのではなく、帝王はみな本来、龍の化身であるとされ、あるいは帝王誕生の際には必ず神龍が出現し、祥瑞を示すということになった。

とりわけ興味深いのは、『隋書』高祖本紀に記されている楊堅誕生の光景である。それは修正後の感生説話第一類型とでも称すべきものであって、楊堅は龍が転生したものとして描かれている。

高祖の母親の呂氏は、大統七年（五四一年）六月癸丑の夜、馮翊《ひょうよく》の般若寺《はんにゃじ》で高祖を産んだが、その時、庭には紫気が充ちた。河東から来た尼が、生母に言うには、この子の生まれは尋常ではなく、俗世間で育てるわけにはまいりません、と。尼は、高祖を別棟《べつむね》に連れていき、自ら養育することにした。ある時、生母が高祖を抱き上げると、頭から角が飛び出し、体中に鱗がはえているのに気が付いた。大いに驚いた母は、高祖を床に落としてしまう。ちょうどその時、部屋に入ってきた尼が言った。こうして我が子を驚かせたからには、天下を取るのが些か遅れることになりましょう、と。

この楊堅の子が楊広、すなわち隋の煬帝であるが、その出生譚は、父親のそれと好対照である。周知の如く、彼の末路は極めて悲惨であり、その予兆が、すでに出生譚にあらわれている。

仁寿二年（五六九年）に煬帝が生まれた時、赤い光が天を横断した。宮廷内は大騒ぎとなり、牛や馬もみな鳴き声を挙げた。これより前、煬帝の母は、龍が自分の体から飛び出し、高さ十余里まで昇った後、地面に落下して、尻尾《しっぽ》が切れる、という夢を見た。母親は夢の内容を文帝（楊

図8　麒麟玉書図
（『孔子の原郷四千年展図録』旭通信社，1992年）

堅）に告げたが、帝は黙り込んで一言も返事をしなかった（『青瑣高議』隋煬帝海山記上）。

これ以降、同様の説話が様々に分化・派生し、帝王は虎やその他の獣の転生であるという話が無数に作りあげられたが、ここで一つ一つの例を挙げることは控えたい。

これらに対し、唐の李世民の出生譚は、修正後の第二類型とすべきものである。彼は龍の転生ではなく、彼が誕生した時、二匹の龍が館の門外に出現して戯れた、という話になった。

　隋の開皇一八年（五九九年）一二月戊午の日、李世民は武功の別館で生まれたが、その時、二匹の龍があらわれ、館の門外で三日戯れた後に、いなくなった（『旧唐書』巻二・太宗本紀）。

孔子誕生の際の瑞応説話も、修正後の第二類型に属する。『孔子家語』本姓篇は、母の顔徴在が尼山《じざん》で祈禱して、孔子が生まれたと伝えている。しかし、『孔子家伝』

（『孔聖全書』所引）によれば、

誕生の直前、麒麟が出現し、闕里《けつり》（孔子の家）で口から玉書を吐き出した。そこには「水精の子、衰周を継ぎて素王となる」と書かれていた。顔氏はたいそう不思議に思い、刺繡をした紐を麒麟の角に結びつけた。麒麟は二晩とどまった後に去っていった。

という。また『祖庭広記』（孔子四七代の孫にして南宋の人、孔伝の著）には、

孔子生誕の日の夕方、二匹の龍が部屋をめぐり、庭には五人の老人が降臨し、顔氏の部屋では、天上界の音楽を耳にすることができた。

とある。この説話で「二匹の龍が部屋をめぐった」というのは、前述した李世民の出生譚で「二匹の龍があらわれ、館の門外で戯れた」というのと、全く同じ現象である。

四　夢・瑞祥

太陽が部屋の中から昇る、あるいは太陽が自らの懐中に落ちるという夢を見た母親が、妊娠するという説話は、以上に述べた感生説話と極めて似ている。これらは、何かを呑んだり食べたりしたために妊娠したという説話に比べ、よほど進歩した内容となっている。太陽は帝王の象徴の一つである。それ故、太陽を夢見て身ごもるというのも、帝王誕生にともなう瑞応であると考えることができる。

ギリシア神話の中には、太陽神アポロの恋愛故事が非常に多くみられるが、中国ではそのような説話は極めて少ない。『魏書』ならびに『遼史』に、太陽を夢見て妊娠するという二つの話を見出すことができるだけである。言うまでもなく、北魏と遼はともに漢民族の王朝ではなく、彼らの間で、こうした伝承が伝えられているのは決して不思議なことではない。

北魏の太祖の誕生説話では、彼の母親が睡眠中に、太陽が部屋の中から昇る夢を見、感ずるところがあって身ごもったという。

太祖道武帝、諱は珪《けい》。昭成皇帝の嫡孫、献明皇帝の子である。母は賀皇后といった。かつて母親は部族の移動により、雲沢に遊んだことがあった。テントに戻って寝入ると、太陽が部屋から昇る夢を見た。夢から覚めた時、一条の光が窓から天にむかって延びているのが目に入ると同時に、にわかに感ずるところがあった。その後、建国三四年（三七一年）七月七日に参合陂《さんごうひ》の北で太祖を生んだ。光は誕生の夜にも見られた（『魏書』巻二・太祖紀）。

遼の太祖の誕生についても、同様に神秘的な説話が伝えられている。彼の母親の場合は、太陽が自分の懐中に落ちる夢を見て身ごもったという。

むかし、太祖の母は、太陽が懐中に落ちる夢をみて、身ごもった。誕生した時には、室内に不思議な光があらわれ、常ならぬ香りがただよった（『遼史』巻一・太祖本紀）。

ちなみに『周書』に見える宇文泰《うぶんたい》の誕生説話においては、やや形を変え、懐妊中の母が、ある夜、子を抱いて天に昇る夢を見た、と記されている。これも、太陽の夢と同じ意味を有する。

太祖（宇文泰）は、徳皇帝（宇文肱《うぶんこう》）の少子であり、母を王氏と言った。妊娠五か月のある夜、子を抱いて天に昇る夢を見た。あと少しで天上世界に至るというところで夢から覚め、そのことを徳皇帝に告げた。すると、徳皇帝は喜んで言った。天にとどかなかったとはいえ、これ以上貴いことはない、と（『周書』巻一・文帝紀）。

さらに、光や星を目にしただけで感じ、子を産んだという説話も伝えられている。たとえば『河図《かと》握拒《あくきょ》』（『路史』後紀巻五所引）によれば、黄帝の母、附宝《ふほう》は、「郊外にでかけ、稲光が北斗を繞《めぐ》り、軒星《けんせい》（軒轅星のこと、獅子座の周辺。皇后を象徴する）が野原を照らすのを見て感じ、黄帝（名は軒轅）を産んだ」という。『帝王世紀』（『初学記』巻九所引）にも、「神農氏の末年、少典が附宝を娶った時、電光が北斗を繞り、樞星《すうせい》（北極五星のひとつ）が郊外の野原を照らすのが見えた。このことにより附宝は感じて身ごもり、二十か月後、黄帝を寿丘の地で生むことになった」とある。
元王朝の始祖、ボドンチャルの誕生説話は、より興味深く、進んだ内容となっている。

夫を亡くして独り暮らしをしていたアランが、夜、テントの中で寝ていると、天窓から差込んだ白光が黄金の神人に変わり、寝台に駆け寄って横になるという夢を見た。アランは驚いて目が覚めるが、遂に身ごもって、男子を産んだ（『元史』巻一・太祖本紀）。
この話は、ギリシア神話のペルセウス出生譚に酷似している。ペルセウスの母、ディーナは、父である国王アクリセウスによって塔に幽閉され、世間から隔離されていた。なぜなら、ディーナの生む子供は将来、自分を殺すことになるという予言者の話を国王が信じたからである。塔に閉じこめたからには、誰にも会うことはできず、ディーナが子供を生むことは有り得ない、と国王は考えていた。しかし、ある夜、天帝キューピッドが一すじの金色の光となって塔に降り立ち、彼女と夜を明かした。これによってディーナは身ごもり、男子を産む。それがペルセウスである。国王アクリセウスは、ことの次第を知って大いに恐れ、急いでディーナとその子を箱に押し込み、海に投げ捨てた。しかし、二人は結局は救われ、生きながらえる。やがてペルセウスは成長し、図《はか》らずも（運動競技に参加して投げた円盤が、偶然にも見物に来ていた国王、つまり祖父であるアクリセウスに当たって）予言の如く自らの祖父を殺すことになってしまった。このように光に化した神が訪れ、それによって妊娠するという話は、ギリシア神話には数多く見られる。

ヘブライ民族の伝承においても、たとえば『新約聖書』マタイ福音書・第一章によれば、イエスの母マリアは、処女でありながら聖霊の力で妊娠している。

イエス・キリストがどのように誕生したのか、以下に記そう。彼の母マリアは、ヨセフとの婚約をすませたが、結婚式をあげる前に、聖霊の力によって子供を宿した。それを知った将来の夫ヨセフは、もともと義にあつい性格で、あからさまに彼女を恥ずかしめることを願わず、内密に婚約を破棄しようと考えた。そのようなことを思案していた時、はからずも主の使いがヨセフの夢枕に立って告げた。ダビデの子孫、ヨセフよ、恐れることはない。かまわずにお前の妻マリアを娶りなさい。身ごもっているのは、聖霊の力によって与えられた子なのだから。彼女は男子を産むであろう。その子にイエスと名づけなさい。彼こそが民人《たみびと》を罪悪の中から救い出すことになるのだから。

これら一切の出来事はすべて、主が、予言者の口を借りて、「いま、一人の乙女が身ごもり、男子を産む。人はその子をイマニエルと呼ぶことであろう」とのたまった言葉が現実になったのである。

ヨセフは夢から覚めると、主の使いのお告げ通り、彼の妻を娶ったが、床を共にすることはなかった。彼女が子供を産むと、イエスと名づけたのであった。

イエスが誕生した時、予言者は、救世主がすでにお生まれになった、と告げた。東方からやって来た博士達は、星の光の導きによってマリアの居場所を探し当て、その子イエスと対面し、讃歎礼拝して帰っていった。国王はたいそう恐れおののき、生まれたばかりの子供はすべて殺すように、と国中に命じた。マリア夫婦は、主の使者の導きにより、あらかじめイエスを連れて身を隠していたため、難を逃れることができた。

聖霊の力により身ごもるという伝承は、北魏の前身である代国の始祖（拓跋力微《たくばつりきび》）の母親が天女であったとする伝承と極めて似ている。

かつて聖武帝（拓跋詰汾《きつふん》）が数万騎を率いて山沢に狩りに出かけた時、突然、とばりでおおわれた馬車が、天から降りてくるのが見えた。地上に降り立つと、中から美しい婦人があらわれ、従者も甚だ大勢であった。帝が不思議に思い、たずねると、答えた。私は天女です。天命を受けて、あなた様と夫婦になるために参りました、と。ついに二人は床を共にした。翌朝、天女はいとまごいをして、来年の今日、再びここでお会いしましょう、と告げた。言い終わるや、嵐の去る如く、あっという間に去っていった。まる一年が経って、帝が前年に狩りをした場所へ行くと、果たして再会することができた。天女は自らが生んだ男子を帝に渡して言った。これはあなた様の子です。しっかりと御養育ください。子々孫々、帝王となることでしょう、と。言い終わると去っていった。この子こそ、始祖である（『魏書』巻一・序紀）。

また以下に見る少昊《しょうこう》（少皡とも書く。西方金徳の神とされるが、東方系ともいう）誕生説話も、聖霊の力によって身ごもるという類型に含まれる。『拾遺記』（『路史』後紀巻七所引）や『宝櫝記《ほうとくき》』（明・滑惟善の著）などによれば、少昊の母、星娥《せいが》（皇娥ともいう）は、璇宮《せんきゅう》に住み、夜には機織りをする勤勉な女性であった。ある時、天空から水辺に降り立った金星の化身である神童と出会い、二人で桐と梓でできた琴を奏《かな》で、かわるがわる唱っていた。そのうちに「楽しんで帰ることを忘れ、身ごもって質《ち》（少昊の名）を生む」こととなったが、これこそ白帝の子、少昊である。

さらに二十四孝の一人に数えられる董永《とうえい》に関する伝承も、この類型に入る。かつて敦煌の石室で発見された「董永、孝を行う」という歌曲によれば、董永は貧しさ故に、自分の身を売って金を作り父親の葬式を出した。その誠意が天に通じ、天女が降り立ち、彼と夫婦になり、董仲という子ができた。その後、天女が錦を織って董永の身の代《しろ》を返し終えると、天女は天へもどっていった。残された董仲は、水浴に降り立った母親を捜し当て、一度は母によって天上界へ連れて行かれるが、後に再び地上に戻ったという。

しかし、時代が降ると、「聖霊の力によって身ごもる」という内容は、前述の「龍に感じて身ごもる」と同様、結局、礼に悖《もと》り人倫にそむくと考えられるようになる。それ故、唐代以降は、修正が加えられ、誕生時に「赤い気が騰《のぼ》る」、「虹の光が部屋を燭《かがや》かせ、白気が庭に充ちる」といった瑞兆が出現するだけのこととなる。以下にそうした例を挙げてみよう。

たとえば朱温（五代・後梁の太祖）誕生時には、母親の住まう館の上で、赤い気が騰ったとされる。

母親は文恵王の皇后であり、唐の大中六年（壬申・八五二年）十月二一日の夜、碭山《とうざん》県午溝里で朱温を生んだ。その日の夕方、母の住まう館から、赤い気が上に騰った。それを目にした里の人々が驚いて、「朱家では大変なことがおこっている」と口にしながら駆けつけてみると、館は厳然と静まり返っている。屋敷に入ると、いま、お子さまが産まれたところだ、と先に来ていた隣人に教えられる。人々は皆、何とも不思議なことだと思った」（『旧五代史』巻一・梁書・太祖本紀）。

李克用（五代・後唐の太祖）の誕生も、常人とは異なっていた。母親は難産のあげく、鉦鼓《しょうこ》（ドラとたいこ）の音を耳にして始めて産み落とすことができたのだが、誕生の時には、虹の光が部屋を燭《かがや》かせ、庭には白気が充ちたという。

妊娠一三か月目で誕生を迎えた時には、難産で日も暮れかかっていた。一族の人々は胸を痛めて心配し、薬を買いに雁門《がんもん》へ走った。途中で出会った不思議な老人が告げた。巫医ふぜいに、解決できることではない。急いで馳せ帰り、手勢をことごとく集め、鎧《よろい》をつけて旗頭《はた》を持ち、鉦鼓を打ちならし、馬を躍らせて鬨《とき》の声をあげ、館を三周してみよ、と。教えられた通りにすると、果たして無事に誕生した。その際、虹の光が部屋を燭かせ、庭には白気が充ち、井戸の水がにわかに溢れ出たという（『旧五代史』巻二五・唐書・武皇本紀）。

五代・後晋の高祖、石敬瑭《せきけいとう》が、唐の景福元年（八九二年）二月二八日、太原の汾陽里の館で生まれた時にも、「白気が庭に充ち、人々は極めて奇異なことであると感じた」（『旧五代史』巻七五・晋書・高祖本紀）。同様に、後周の太祖、郭威が誕生した時にも、不思議な現象が現れた。すなわち、唐の天祐元年（甲子・九〇四年）七月二八日の夜、堯山の旧宅で生まれた時には、「赤い光が室内を照らし、まるで炉の炭が炸裂《さくれつ》して火花が四方に飛び散るような音がした」（『旧五代史』巻一一〇・周書・太祖本紀）。宋の太祖、趙匡胤《ちょうきょういん》の誕生にも、次のような瑞兆がともなった。

母親は杜氏で、後唐の天成二年（九二七年）、洛陽の夾馬営《きょうばえい》で趙匡胤を生んだ。その際赤い光が部屋をめぐり、芳しい香りが立ちのぼって、一夜あけても消えなかった。体は金色におおわれ、三日変わらなかった」（『宋史』巻一・太祖本紀）。

この瑞祥に因《ちな》んで、趙匡胤は「香孩児《こうがいじ》（香りたつ子）」と呼ばれた。

誕生時に不思議な現象が伴うのは、帝王だけではなかった。大悪党とされるような人物の誕生に際しても、怪奇な現象が伝えられている。たとえば安禄山の誕生が、その例である。

母の阿徳氏は、突厥《とっけつ》族の巫女であった。子宝に恵まれなかったが、軋犖山《あつらくざん》で祈禱すると、神のたすけか子供を授かった。誕生の夜、赤い光があたりを照らし出し、多くの獣があちこちで鳴き、吼えた。望気の術を行う者が、妖星が尾を引いて輝き、安禄山の生まれたテントに落ちるのを目撃した。そこで宰相・張韓公が人を派遣して、そのテントの中を探させたが、見つからなかった。そのため、テントにいた者は、長幼を問わず皆殺しにされてしまったが、安禄山は人によってかくまわれ、事なきを得たのであった（姚汝能『安禄山事蹟』巻上）。

『水滸伝』第一回「洪太尉、誤りて妖魔を走らす」には、後に梁山泊に集結することになる一〇八人の豪傑の誕生にまつわる不可思議な現象が記されている。すなわち洪太尉が伏魔殿を開き、石碑を倒し、石板をこじ開けると、その下に、一万丈もあろうかと思われる深い穴があらわれる。

その中は、ごうごうと音が響き渡るのみ。尋常な音ではなかった。……響きがおさまると、穴から一筋の黒い気が立ちのぼり、伏魔殿の一角をほとんど跳ね飛ばしてしまった。黒い気はまっすぐ空高く昇り、散らばって無数の金光となり、四方八方へと飛んでいった。

この無数の光が飛んでいった所で、三六の天罡星《てんごうせい》と七二の地煞星《ちさつせい》（あわせて一〇八人の豪傑。罡は甲冑を象徴し、煞は殺の意）がこの世に誕生したのであった。

本節で述べた感生説話に対する格好の注釈とすることができるのは、『三国志演義』巻二一「孔明、秋の夜に北斗を祭る」に見える記載である。

その夜、諸葛孔明は病をおして帷《とばり》の外に出、星の運行を観察するや、大いに慌てて顔色を失った。帷に入って、姜維《きょうい》（蜀の高臣）に向かい、私の命は、もはや沈む夕陽の如くだ、と嘆ずる。姜維は、何故にそのようなことを言われるのですか、と泣きながら問うた。孔明は、三台星（大熊座の三星。王権の中枢部を象徴）の中に客星があらわれ、キラキラと輝き、逆に主星の光が暗くなり、その周辺の星々まで輝きを減じている。これによって我が命の長からざるを悟ったのだ、と応える。これに対して姜維は言った。私はかつて、星の凶兆を祓う力がある者について聞いたことがあります。あなた様ならきっと、おできになると存じますが、何故、祈りをあげて祓おうとはされぬのですか、と。

かくて孔明は、帷の中で祈禱を行った。すると六日目の夜には、祭壇の主燈（孔明の命運を象徴する燈明《とうみょう》）が光を増し、心中ひそかに喜んだ。しかし、あにはからんや、この時、家臣の魏廷《ぎてい》が孔明に対して、「魏の軍勢が攻めて参りました」と報じたが、帷《とばり》に飛び込んで来た勢いで、主燈の光が消えてしまったのである。孔明は剣を棄てて嘆じた。人の生死は天命であり、富貴は天が与えるもの。主燈の光が消えた以上、私はこれ以上生きられないのだ。この凶兆を祓うことはできない、と。ほどなく、孔明は病で亡くなった。

この説話が説明しているのは、おおよそ名将、名宰相とよばれる人々には、その人物の命運をつかさどる本命星なるものが天にある。あるいは、彼らはみな、天上の星の転生にほかならない。さらにまた、おおよそ名のある人物は、よって来る本源を有する、といった観念である。中国の民間社会では、こうした観念が伝統的に存在し続けてきたのである。

五　望気・顔相

中国の民間では「帝王自ずから真あり（帝王には始めから帝王となるべき資質・運命が備わっている）」という言葉が、非常に長い間、堅く信じられてきた。伝えられる所では、羅隠《らいん》（五代、呉越国の人。詩作に優れ先見の明があったことで知られる）はもともと、帝王となる定めの人物であったが、後にただの素寒貧になる運命に替えられてしまう。しかし、「口」だけは元のままであったため、彼が言うことはよく当たったという。これが、古くから広く知られる「羅隠皇帝口」という俗語のいわれである。

馮夢龍《ふうぼうりゅう》『醒世恒言《せいせいこうげん》』の一編「鄭節使、功を立てし神臂弓《しんぴきゅう》（百発百中の弓）」には、次のような物語が伝えられている。北宋の人、鄭信は、本来の宿運として、ごく僅かの間だけ天子になれる定めと、一生諸侯であり続けられる定めを持っていた。この世に生まれる時、地下世界の主宰者が彼に尋ねた。ほんの数日の間だけ天子になりたいか、それとも一生諸侯でありたいか、と。鄭信は天子になることに強く執着したが、地下の主宰者は彼を激しく打ちすえて、諸侯になることを迫った。最後に彼は、大きなため息をついて、それでは諸侯になることにします、と述べた。

望気については、非常に古くから歴史書に記載がある。たとえば『史記』高祖本紀には、

秦の始皇帝は常々、東南方面には天子の気がある、と口にしていた。そこで、東遊のおりに、その気を鎮めようとした。高祖は災難が身に降りかかるのを恐れ、身を隠すことにして、芒山《ぼうざん》、碭山《とうざん》一帯の山沢にある岩の間に逃げこんだ。しかし、妻の呂后が人といっしょに高祖を探すと、どこに隠れても必ず探し当てることができた。いぶかった高祖が理由を問うと、あなたの居場所には、必ずその上に雲気がのぼっています。だから、それを目当てに探せば、必ずそこにあなたがいるのです、と呂后は答えた。高祖は心中喜んだ。

これに似た話は、史書に少なからず見られ、小説に目を移せば、さらに多くの記述を指摘することができる。唐の杜光庭『虬髯客伝《きゅうぜんきゃくでん》』は、隋滅亡後の天下を取ろうと考えている正体不明の人物、虬髯客（虬《きゅう》は龍、髯《ぜん》は髭《ひげ》、すなわち龍髭《りゅうひげ》のある旅人の意）と、李靖《りせい》（李衛公、すなわち後に李世民に仕え

数々の武功を立てることになる人物）を主人公とする短編小説であるが、この小説には望気に加え、顔相占いについても記されている。

虬髯客が李靖に、李世民（後の唐の太宗）を紹介するよう依頼した時、李靖はその理由を尋ねた。虬髯客は、望気の術を行う者が、李世民の住まう太原には不可思議な気がただよっているから、見に行って来るようにと言うのです、と答えた。その後、太原にやって来た虬髯客の前で、道士（虬髯客の相談相手。望気、顔相の術の使い手）と劉文静（李靖の友人であり、李世民のパトロン）が碁の対局をしている所へ、李世民が観戦にやってくる。道士は李世民の顔相をひとめ見るや、茫然となって碁石を打ちおろし、この勝負は完敗だ。この時点で、勝負あった。挽回の方法はない。何をか言わんや、と嘆じ、ただちに碁をやめて、いとまごいをした。道士は外へ出ると、虬髯客に向かって、この天下に、もはや貴公の出る幕はない。別の国ならばよかろう。しっかりなされ、考えても、仕方のないことじゃ、と言った。

顔相を見ることについては、『史記』高祖本紀にも記載がある。また宋の太祖と鄭恩が連れ立って顔相を見てもらいにいった時、人相見は、鄭恩の顔には将来、諸侯となる相が出ていると占った。つぎに太祖の顔相を見ると、大いに驚き、鄭恩が出世できるのは、ひとえに太祖の引き立てによると述べたという。

こうした説話は、中国史上、枚挙にいとまがないほど多い。右に挙げたのは、そのうちのごくわずかな例にすぎない。これらを手掛かりにして研究を進めれば、無数の史料を追加することができよう。

以上が、玄鳥説話を分析するうえでの第二の主題である。つまり、帝王将相をはじめ、教主や著名人、さらには大悪党などの誕生はすべて、感応によるものであり、あるいは、瑞兆や怪奇な予兆現象がともなうことがあったのである。言い換えれば、それらの人物はみな、よって来る本源を有すると観念されていたのである。

こうした観念は、民族や時代を問わず、極めて普遍的に存在し、同類の説話がしばしば異なる民族の間に流布しているのである。

六　伝統観念

前節までに見た感生説話、あるいは英雄誕生譚は、方士達が造りあげた砂上の楼閣、すなわち全く根拠のないデタラメなどではない。また、かつて陳渉・呉広の乱の時、民衆を叛乱に立ち上がらせるため、かがり火を挙げ狐の声色《こわいろ》でしゃべったというような、人を信じ込ませるためのテクニックでもない。英雄たちが人を騙すためにでっち上げた物語であるというより、むしろ古くから伝えられてきた観念を英雄や方士が利用したと考えるべきであろう。

こうした伝統的な観念は、長きにわたり強固に民間に存在し続けてきた。大多数の農民達は、いつの日か「真命天子」が世を救う使命を果たすために現れる、とずっと信じ続けてきたのである。中国史上何度もおこった農民反乱の首謀者達が、善良な農民を動員することができた理由の一つは、現王朝の気運はもはや尽き、すでに真命天子が現れているというスローガンにあった。

私が子供の頃、すでに清朝は亡び民国になったばかりの時、農民たちの間で暮らしたことがある。彼らは日頃から強引な徴兵や重税に苦しみ、戦争が頻々と起こることを嘆いていた。夏の日、夕陽が山に沈み、夜空に多くの星がキラキラと輝きだす頃、彼らは、夕飯を済ませ、木の腰掛けを持ち出して、きざみタバコをくゆらせながら、脱穀用の広場で涼んでいた。しばしば、広大無辺の天空を見上げ、特別に明るく輝く星を指さしながら、何か思うところがあるかのように口にした。「さあさあ、皇帝様の星がおでましだ。あの星が西に沈むと、真命天子が現れて、この世が救われるそうな」。

この言葉は、決して妖言に惑わされて出たわけではない。伝統的な観念が、そう言わしめたのである。こうした観念が、いったいどれほど長い年月、保ち続けられてきたのかは分からない。しかし、いまなお、農民達の心を堅く支配し続けているのである。

一方、多くのいかがわしい人物や方士、さらには英雄たちは、そうした観念を利用して、自らの地位を築き、善良な農民を自らの配下におさめようと誘い続けているのである。

七　内在的理解

このような現象や観念について、最も生真面目に解釈しようとしたのは、儒学者達であった。たとえば明の蔡復賞が著した『孔聖全書』（巻二七）は、孔子誕生時の瑞応を記すくだりで、次のような解釈を示している。

按ずるに五老人の降臨や玉書、天楽については、経書にその記載がない。先儒もみなこの点を訝《いぶか》しく思い、記述はひかえている。ああ、思うに、あの傅説《ふえつ》（殷の武丁の宰相）は星から生まれたと伝えられ、仲山甫《ちゅうざんほ》（周の宣王の高臣）は嶽《がく》から降った、と謡われている。古の賢人哲人が生まれた時には、必ず瑞応がともなったのである。とするならば、天が厚き心を以て孔子を誕生させたまう時に瑞応がともなうのは当然のことであろう。張子（張載）が言うには、麒麟が生まれるのは、犬や羊が生まれるのとは異なり、蛟龍《こうりゅう》が生まれるのは魚や鼈《すっぽん》が生まれるのとは訳が違う。であるならば、聖人の誕生が常人の誕生と異なっても何の不思議が有ろうか、と。

伝統的な観念に基づく解釈であり、「真命天子」を信ずる農民達のそれと何ら異ならない。

このような観念の源流は、仏教の輪廻《りんね》説が伝来するはるか以前にまで遡る。一般に、未開の人々はみな、次のように信じていた。すなわち、人間は、よって来る本源があって、この世に誕生するのであり、いわば一種の生まれ変わりに過ぎない。人は前世で必ず、何らかの人や神、もしくは星であったのであり、人間の誕生とは、前世とは異なる新たな姿を獲得すること、あるいは天上界から人間界に降り立つことに過ぎない、と。

こうした観念は、世界各地に普遍的に広がっている。エジプトから北ヨーロッパに到るまで、シベリアからインド、さらには中国に到るまで、あらゆる地域でかつては同じように信じられていた。そのヴァリエイションと見なすことができる物語は、古代諸民族の間でさらに広く普遍的に見ることができる。

しかし、近代の学者達は、全く別の観点からこうした観念や伝承を読み解いた。彼らは文明社会人としての直感に基づき、これらの古い観念を否定し去ろうとしたのである。いま、その最も典型的な事例を見てみよう。

章太炎『国学概論』（曹聚仁記）は、本章で取りあげた感生説話や英雄誕生譚について、最も単純明瞭に解釈している。

『詩経』に記されている后稷の誕生説話は、すこぶる理解しがたい。「帝の武敏《ぶびん》を履む」という一節に対する『爾雅』釈訓の解釈、すなわち「武とは迹《あしあと》、敏とは拇《おやゆび》なり（武敏は、足跡の親指の部分の意。なお本書八〇頁に見えるように鄭振鐸は、敏を「毛伝」に従い、たちまちの意とする）」に基づけば、彼の母親は、上帝の足跡の親指を踏んで身ごもったということになる。しかし「毛伝」によれば、「帝」とは天帝ではなく、人間の「皇帝」の意味である。そうであるなら、后稷の誕生は当然至極のでき事となる。

――中略――

『史記』高祖本紀によれば、高祖の父・太公は、雷雨のなか大沢に駆けつけた時、神龍が高祖の母親の体にからみついているのを目撃した。その後、ついに高祖が誕生したという。この話は、太公がでっち上げて人を騙そうとしたのか、あるいは高祖自らがこしらえた話であるのかは分からない。かりに本当に太公がそのような光景を目にしたのだとしても、そこには必ずやからくりがあると思われる。

ここで想起されるのは、かつて湖北省で発生した不倫殺人事件である。その事件では、姦夫が不倫相手と密かに相談して、巧妙な方法を思い付いた。すなわち、姦夫が雷雨の中、ものものしい雷神の姿となって、屋根の上から飛び降り、不倫相手の夫を無惨にも殴り殺す、という方法である。高祖の誕生説話も、恐らくはこれと同じ類であったのであろう。つまり、高祖の母親は別の男と私通し、その男が龍の化け物のような格好をしていたので、太公も当然近づく勇気が出なかったまで、ということなのである。

――中略――

経書や史書の記載には、確かに、ごく一部に神秘的な要素が含まれていることは否めない。しかし、不可思議で現実離れした記述は基本的には存在しない。かつまた、そのごく一部の奇妙不可思議な記述にしても、おそらく合理的な解釈を下すことが可能なのである。

このように章太炎は、経書や史書の中に神話的記述が存在することを認めようとはしない。彼の解釈は、一見すこぶる理にかなっているように思われる。しかも湖北省の不倫殺人事件のような例を、彼にかわって様々な資料から、いくつも見つけだすことさえできる。とりわけ興味深い例が、『醒世恒言』中の一篇「皮靴《かわぐつ》の単《かきつけ》を勘《つきあ》わせ二郎神を証《あか》す」に見えている。それによれば、宋の徽宗《きそう》の時、後宮の韓夫人が二郎神の廟に赴き線香を捧げた際、二郎神像の麗しさに見とれ、感じ入って、次のように祈った。どうか来生には二郎神のような男の人に嫁げますように、と。その夜、彼女が部屋で香を焚いていると、なんと突然、「二郎神」が彼女の面前にあらわれた。その後も、毎晩のように訪れるようになったという。この話のたねあかしは、末尾でなされている。毎晩現れた二郎神は、実は廟を管理する小役人がなりすましていたのであった。

しかし、このような後代の事例を、はるか上古の伝説に当てはめて解釈することは可能であろうか。なるほど前述の「帝の武敏《ぶびん》を履」んだという部分については、章氏のように、そこで言う「帝」を、「天帝」ではなく、人間の「皇帝」と解釈することも可能であろう。しかしそれならば、同じ『詩経』に記される玄鳥説話の「天が玄鳥に命じた」という箇所は、どう解釈できるのであろうか。

言い方を替えよう。後代の作り話は、古くからの伝承や観念を利用して、人を欺《あざむ》こうとしている。

しかし、そうした後代の作り話を論拠として、古くからの伝承や観念そのものまでも否定することはできないのである。

古い伝説や神話が生み出されたのは、奇跡が信じられ、自然現象が信仰の対象となっていた時代であり、伝説や神話の発生にはそれなりの原因と背景がある、ということを理解しなければならない。たんなる直感に基づき、それらを否定したり、誤解したりすることは絶対に避けねばならない。しかも、そのような古くからの観念は、今日の文明社会の文化のなかでも、実際には完全に消滅しきってはいないのである（食物摂取や呪的行為と妊娠との関係については、資料が膨大にあり、ここでは省略した。詳しくは将来、別稿で論ずる予定である）。

一九三五年七月一五日　上海にて

（『中華公論』創刊号、一九三七年）

第三章　黄　鳥　篇

「黄鳥」と名付けられた詩が、『詩経』小雅・鴻雁《こうがん》之什《のじゅう》（小雅、大雅は一〇篇を一巻とし、什と呼ぶ）に見えている。全体は三章からなり、各章は七句で構成されている。

黄鳥黄鳥　　黄鳥よ黄鳥
無集于穀　　穀《こうぞ》（木の名。穀とは別字）に集《と》まるなかれ
無啄我粟　　我が粟《あわ》を啄《ついば》むなかれ。
此邦之人　　此の邦《くに》の人
不我肯穀　　我に穀《よ》くするを肯《がえ》んぜざれば
言旋言帰　　われは旋《かえ》らん、われは帰らん
復我邦族　　我が邦族《ふるさと》に復《かえ》らん

黄鳥黄鳥　　黄鳥よ黄鳥

無集于桑　桑に集《と》まるなかれ
無啄我粱　我が粱《たかきび》を啄《ついば》むなかれ
此邦之人　此の邦《くに》の人
不可與明　ともに明《ちか》うべからざれば
言旋言帰　われは旋《かえ》らん、われは帰らん
復我諸兄　我が諸兄のもとに復《かえ》らん

黄鳥黄鳥　黄鳥よ黄鳥
無集于栩　栩《くぬぎ》に集《と》まるなかれ
無啄我黍　我が黍《きび》を啄《ついば》むなかれ
此邦之人　此の邦《くに》の人
不可與処　ともに処《お》るべからざれば
言旋言帰　われは旋《かえ》らん、われは帰らん
復我諸父　我が諸父のもとに復《かえ》らん

この詩の意味は、どのように解釈すればよいのであろうか（ちなみに、これと同名の詩が『詩経』国風・秦風にも見えているが、雰囲気と内容は全く異なっている）。

この詩について、「毛詩序」は、「宣王を刺《そし》るなり」としているが、如何なる理由で宣王を誹っているのか分からない。また「鄭箋（鄭玄の毛詩箋。箋は注解の意）」には、「宣王は陰礼（婚礼）によって親愛の情を教えようとしたが、なお充分ではなく、兄弟の誼《よしみ》（『詩経』では、契りを交した男女を兄弟と形容することがある）を結ばせようとしたが、やはり固くは結ばれなかったことを誹《そし》っている」とあるが、やはり、その意味はよく分からない。

これに対し、孔穎達の「正義」には、

鄭玄の箋は、夫に離縁された婦人が、何故に宣王を誹ることになったのか、その理由を解釈している。すなわち、王が陰礼によって男女の親愛の情を教えたにもかかわらず、充分には親しまず、兄弟夫婦の道を結ばせたが、やはり固くは結ばれず、結果として夫婦を離別させることになってしまったのを誹っているのである。つまり、王が教化のしかたを誤ったのであり、それ故、ことさらに王を刺っている。

とある。この解釈により、詩の意味は、かなり分かりやすくなった。本当に宣王を誹っているのか否かはさておき、「夫婦を離別させることになってしまった」と明確に説明しており、詩の真意に一歩、近づいている。

さらに朱子『詩集伝』巻一一には、次のようにある。

農民は他国に赴いてみたものの、身を落ち着けることができなかった。それ故、この詩を作り、黄鳥を呼んでこれに告げるという形で気持ちを表した。曰く、黄鳥よ、どうか私が育てた穀《こうぞ》の木に集《と》まって実りを啄《ついば》まないでおくれ。もしこの地の人々が、善意を以て交わってくれないなら、私もまたこの地に長くは留まらず、古里へ帰ろう。

――中略――

呂東萊（南宋の学者、呂祖謙）『呂氏家塾読詩記』は、「宣王の末期に、古里に身を落ち着けることができなくなった農民があり、他国で暮らすことを考えた。しかし実際に他国に行ってみると、古里のほうが好い。そのため、あれこれと悩み、やはり古里へもどりたくなった。農民がこのような状態であるのは、どこへ行っても落ち着いて生活できる時代ではなかったからである」と述べている。しかし、思うに、この詩には、宣王の時代であることを示す表現は見あたらない。

朱子および呂東萊の説は、ともに『詩』の字面をながめただけで下した解釈であり、この詩の真の主題を言い当てているとは言えない。両者は確かに漢儒の伝統的な理解から脱却しえてはいるが、それならば何故「鄭箋」が、「宣王は陰礼によって親愛の情を教えようとしたが、なお充分ではなく……」などと述べ、何故に孔穎達「正義」が、「夫婦を離別させることになってしまった」という解釈を下さねばならなかったのか、全く説明していない。

そもそも「陰礼」とは、一体何を意味するのか。孔穎達「正義」は、これについて、『周礼』大司徒の官に、いわゆる十二の教なるものが挙げられており、その三番目の教に、陰礼によって男女の親愛を教えれば、民は怨むことがない、とある。また、その鄭注に、陰礼とは、男女の礼を言う。婚姻が時宜にかなっていれば、男は怠惰にならず、女は怨むことがない、とあるのは、このことである。

と解説している。思うに「鄭箋」が、この詩を「陰礼」と結びつけて理解したのは、必ず何らかの伝統的な解釈に基づいているのであり、決して呂東萊、朱子のごとく単純明瞭に、直感的解釈を下したのではない。

なおかつ、それでは一体何故、「此の邦《くに》の人、我に穀《よ》くするを肯《がえ》んぜ（この地の人が、善意を以て私と交わろうとはしない）」ざるのか。また、どうして「此の邦」に行かざるを得なかったのか。さらに、「此の邦の人、我に穀《よ》くするを肯んぜ」ざることが、何故「われは旋《かえ》らん、われは帰らん。我が邦族に復《かえ》らん（私は帰りたい、私は帰りたい。私は、我が一族のもとに帰りたい）」という願望を抱くにいたらせるのか。このような詩が、単に流亡した農民が強烈な帰郷の願望をうたい、嘆いているだけのものなのであろうか。

私の理解では、この詩の内容はそれほど単純ではない。ここには古代農村社会の悲惨な一面が表現されていると考えられる。しかも、そうした悲惨な状況は、現代中国の一部の農村にもなお存在しており、決して消滅してしまったわけではない。

孔穎達「正義」は、「鄭玄の箋は、夫に離縁された婦人が、何故に宣王を誹《そし》ることになったのか、その理由を解釈している」とするが、事実は全く反対である。そうではなくて、夫が妻の家から「出された」ため、あるいは妻の家で虐待を受けたため、この詩を作ったのである。古代の農村社会には、「贅婿《ぜいせい》（いりむこ）」あるいは「入門女婿（婿養子）」なる制度が広く存在したが、私の考えでは、この詩は、虐待を受けて苦しんでいる贅婿が作った哀吟の詩なのである。現代語訳をすると、以下のようになろう。

黄鳥よ黄鳥よ、どうか私が育てたこうぞの木に集《と》まらないでおくれ
私のアワの実を啄《ついば》まないでおくれ
ここの人々が、腹一杯食わせてくれないのなら
古里の家に帰った方がよほどましだ

黄鳥よ黄鳥よ、どうか私が植えた桑の木に飛んでこないでおくれ
私のコウリャンを啄まないでおくれ
ここの人々が、私の訴えに耳をかさないのなら
古里の兄の所に帰った方がよほどましだ

黄鳥よ黄鳥よ、どうか私が植えたくぬぎの木に止まらないでおくれ

私のキビの実を啄まないでおくれ
ここの人々と、もうこれ以上、一緒に暮らしてはいけない
古里の父の所に帰った方がよほどましだ

この入り婿は、婿入り先のために懸命に働いている。一年中、田畑を耕し、木を育てる。稲を植え雑穀を育てるばかりか、桑やくぬぎなどの木も植える。しかし、婿入り先は、腹一杯食べさせることも惜しみ、辛くあたる。だが、それに不満を訴えても耳をかしてはもらえない。どだい不満など言えるはずがないのだ。もう、これ以上、ここで一緒に暮らしてなどいけない。こんな所はもう棄てて、自分の家に帰った方が、まだましだ。こう解釈すれば、詩の意味する所は極めて通りやすくなる。『詩経』小雅・鴻雁之什には、もう一篇、同じく入り婿が謡った詩「我行其野《がこうきや》」が見え、一層はっきりとした内容になっている。

我行其野　　我、其の野に行きて
蔽芾其樗　　其の樗《ぬるで》に蔽芾《へいひ》す（やすむ）
昏姻之故　　昏姻の故
言就爾居　　われは爾《なんじ》の居に就《つ》く
爾不我畜　　爾、我を畜《やし》なわずんば
復我邦家　　我が邦家に復《かえ》らん

我行其野　我、其の野に行きて
言采其蓫　われ其の蓫《ぎしぎし》を采《と》る
昏姻之故　昏姻の故
言就爾宿　われは爾《なんじ》の宿《いえ》に就く
爾不我畜　爾、我を畜《やし》なわずんば
言帰斯復　われ帰りここに復《かえ》らん

我行其野　我、其の野に行きて
言采其葍　われ其の葍《ひるがお》を采《と》る
不思旧姻　旧姻を思わず
求爾新特　爾の新特《しんとく》を求むるは
成不以富　まことに富むを以てせずして
亦祇以異　亦ただ異を以てす

この詩についても、「毛詩序」は、やはり「宣王を刺《そし》る」ものであるとしている。「鄭箋」も「毛詩序」に基づき、

宣王が婚礼についての決まり事を改めなかったため、すさんだ政治が行われ、淫らな婚姻風俗

が多く見られるようになったことを刺っている。

と述べている。また朱子は、次のように解釈している（『詩集伝』巻一一）。

民が異国に嫁ぎ、姻戚の人々だけを頼みとしていたが、大切にしてもらえなかった。それ故に、この詩を作った。曰く、私は野に行き、樗《ぬるで》のような人に見向きもされない木の陰でたたずむ。夫婦になったのだから、あなたの家にもどりましょう。ただし、あなたが私を大切にしないなら、実家に帰らせてもらいます、と。

この詩の場合、原文は比較的理解しやすく、朱子の解釈もかなり当たっている。しかし、最も肝腎なことについては結局、論じ得ていない。なぜなら、朱子は贅婿《ぜいせい》制度の実状に理解が足らず、「昏姻の故、われは爾《なんじ》の宿《いえ》に就く」という句が真に意味する所を、すっきりと捉えきれていない。したがって当然、何故その後に、「爾、我を畜《やし》なわずんば……」という句が続くのかについては、なおさら釈然としない。

この詩の内容は、先の「黄鳥」に比べ、さらに悲惨で、一段と差し迫っている。「黄鳥」の主人公は、まだしも物事を自分自身で決めようとしている。虐待に耐え、辛い仕事をやり通しても、充分な食事すら与えられぬため、帰郷の思いが強くわきあがったのである。

これに対して、「我行其野」の主人公は、見捨てられた後の入り婿である。追い出され、行くあてもなく、何かを訴えながら、とぼとぼと田野を歩いている。一体、どこへ行けばよいのやら。やっぱり自分の古里に帰るとしようか。全篇を現代語に訳すと、その意味はさらに明確になるだろう。

あてどなく田野を歩きまわる。もう疲れはててしまった
樗樹《ぬるで》の蔭で少しばかり休むとしよう
むかしのことを想い出す。お前が私を入り婿に迎えた時から
二人は一緒に暮らし始めた
それが突然、心変わり。私を追い出すとは、まったく思いもよらなかった
やはり古里へ帰るとしようか

あてどなく田野を歩きまわり
することもなく野にはえる蓫《ぎしぎし》を採る
むかしのことを想い出す。お前が私を入り婿に迎えた時から
二人は一緒に暮らし始めた
それが突然、心変わり。私を追い出すとは、まったく思いもよらなかった
やはり古里へ帰るとしようか

あてどなく田野を歩きまわり

することもなく野にはえる蓄《ひるがお》を採る
むかし二人がむつまじかったことを、お前は思いだしてはくれない。それどころか、新しい入り
婿を捜しだす始末
その男なら、俺以上に苦労して、お前に贅沢させることができる、とでもいうのか
結局は、くたびれはてた俺を棄て
新しい男に取り換えただけのことなのだろう

最も惨めなことは、入り婿になるような者はたいてい、貧しく帰るあてのないクーリーであったり、もともと「作男」であるということである。そんな彼らに、一体どこに家があり、帰るあてが有ろうか。

「黄鳥」の中で、自分の家に帰ろう、兄や父の所に帰ろうと言っているのは、おそらく、怒りのあまり、たんに口をついて出た言葉であるにすぎない。帰ることなどできるはずがない。彼は一生、苦労を重ねる奴隷なのだ。もっとも、「黄鳥」の主人公の場合、些か事情を異にしているのかも知れない。兄弟の多い大所帯であるため、食い扶持が足らず、やむをえず入り婿になったのかもしれない。そうであるならば、帰ることは可能であったのかもしれない。

一方、「我行其野」の状況は、全く異なる。主人公は、その「婦」に棄てられてしまった。女が婿を迎え入れたのは、もともと耕作を手伝わせるためであった。しかし、いったいどんな訳があったの

か。彼が仕事に精を出さず、女の気に染まなくなってしまったためなのか。あるいは、この男にあきて新しい男を求めたためなのか。どんな訳があったのかは分からないが、要するに追い出されてしまったのである。追い出された以上、あてどなく、とぼとぼと田野を歩きまわり、嘆くしか術がない。そんな男に帰る家などあろうはずがない。

中国の農村社会では数千年来、こうした悲劇が繰り返し演じ続けられてきた。しかし、これまでこの問題に注目した者は誰一人なく、また、このようなテーマについて何かを書こうとした文学者もほとんどいなかった。ここに引用した『詩経』の二篇を除くと、わずかに「劉知遠《りゅうちえん》諸宮調《しょきゅうちょう》」(下述)があるだけである。贅婿《ぜいせい》とは本来、死によって年季が明ける作男、すなわち終身奴隷にほかならない。彼らは見捨てられた人間——社会的にも、文学のうえでも見捨てられた人間なのである。

中国の農村社会において、贅婿と言えば、その地位は極めて低い。入り婿を一人迎えることは、死ぬまで無報酬の作男を一人確保したに等しい。婿入り先における彼の立場は、おそらく童養媳《どうようせき》(成長後に嫁にするとの名目で引き取られ、奴隷同然に働かされる少女)と比べても、さらに軽いであろう。わずかでも体面にこだわる者は、入り婿になることなど絶対に認めない。

それ故、入り婿になったのは皆、どん底の貧しさで、まさに帰る所がなかった人々である。彼らは家をなくし、親族をなくし、むろん嫁取りなどできるはずもない。それ故、自らを他人の家に「贅《ぜい》(質入れ)」して、入り婿となるしかないのである。名前は入り婿であっても、実際には終身奴隷であった。「婿」という立場さえ与えておけば、逃げ出す恐れも、別の家へ行って作男になる恐れもなかったのである。

入り婿を迎える家の目的は、様々であった。最も一般的なのは、家に息子がありながら、入り婿を取るという場合であり、目的は明らかに、働き手を一人増やすことである。終身の作男が一人増えれば、農作業の手間代を省いて収穫を増やすことができ、経済的にこれ以上見合うものはない。

次に多いのは、男子がなく家の血筋が絶える恐れがあり、しかも甘やかし放題の娘を他人の家に嫁に出す気はないといった時に、入り婿を迎える場合である。姓を改め名を変えさせて、婿とし、また息子ともするのである。先日も新聞で、次のような告示を目にした。

杜王氏告示（杜は夫の、王は妻の姓。夫婦が姓を連らねた告示）当家こと、男子あらざる故、このたび林若漁を婿に迎えたり。来る一月八日を期して、当家に入り、姓名を杜威文と改むることとなれり……

しかしながら古代において、入り婿が盛んに行われたのは、経済的な理由が大きい。黄河流域の耕地が必要とする労働力は、他の地域に比べ相当に大きい。農民達の困窮度も、他の地域に比べ、いっそう激しい。生産を増やすためには、より廉価な労働力を求めざるをえない。贅婿は、極めてソロバンに合う無報酬の終身作男である。そんなわけで、娘がいさえすれば入り婿を迎えることは、おそらく至極当然のことなのであった。

こうした贅婿の生活を最も酷《むご》たらしく、かつ生き生きと描写した作品は、前述の『劉知遠諸宮調』(五代後漢の高祖、劉知遠の事績に取材した口唱文学作品。諸宮調とは、語りと唱いからなる一種の文芸形式。宋に起源する)である。ついで、『白兎記』(同じく劉知遠に取材した元末の戯曲。白兎が前妻を探し出す契機になった)を挙げることができるが、これはかなり見劣りする。

貧しく行くあてのない劉知遠は、李太公により、その三女の婿として迎えられた。しかし、妻のふたりの兄、李洪義、李洪信は、あらゆる手段を尽くして彼に虐待を加え、様々な悪巧みを設けて苦しめた。そんな折り、暴風雨が起こり、牛を逃がしてしまったため、やむなく李家から逃亡し、太原に出て、軍隊に身を投じた。その後、彼は大出世を遂げることになるが、それは太原を守る軍事長官、岳氏の入り婿になったことが大いにあずかっている。ちなみに、あの朱元璋(明の太祖)も同じように、ゴロツキ上がりで皇帝になった人物であるが、やはり彼が馬皇后を娶ったこと、すなわち馬氏の婿であるという立場を利用することによって、しだいに周囲の信任を勝ち取り、最後には軍事権を掌握したのであった。

『劉知遠諸宮調』の筋書きによれば、虐待を受けた知遠は、早くから遠くへ逃げることを考えていたが、妻、李三娘とのむつまじい関係のために、実行できずにいた。しかし最後には結局、逃亡せざるを得なくなる。その時、彼は嘆いた。「人の世の少年、諸子弟に忠告しよう。願わくば、子々孫々に至るまで、他人の家の婿になるなかれ」、と。

彼の心を重くしたのは、李洪義、李洪信夫婦が圧迫を加えたからだけではなかった。村中の人々がそろって、彼を見下したのである。曰く、「老いも若きも男も女もみなが皆、村中こぞって、消し去りがたい綽名《あだな》をつけて、我がことを劉窮鬼《りゅうきゅうき》（劉の貧乏神）と呼ぶのであった」、と。

農村の習慣では、入り婿になる者は皆、婚儀の当日、花カゴに乗せられて相手方の大門に入ることになっていた。彼は、いわば「嫁に出た」のであって、「嫁取をした」のではない。封建社会において、それは当然ながら、男子の体面を最も損なうことであった。それ故、貧しく寄るべなき男子以外、このように頭を垂れプライドを棄て、カゴに乗せられて相手方の大門に入り婿になるというようなことは絶対に受け入れなかった。

ちなみに劉知遠の話は、説話学的には、シンデレラ型説話の一種に属する。イギリスの説話学者、コックス女史は、かつてこのタイプの説話三一八篇を集め、『シンデレラ』なる書物を著している。このタイプの説話として中国で最も知られているのは、舜の故事である。先ごろ、敦煌の石室で発見された「舜子至孝変文」（舜が父、義母、義弟の仕打ちに耐えて孝行を貫き尽くしたことを内容とする文学作品。変文は、唐代に起こった仏教布教のための語りと唱いからなる通俗文芸）は、民間社会で非常に長く、広く流布してきた舜説話の一例である。なお、このタイプの説話に関しては、別の論文で詳しく検討する予定である。

ここで、ぜひ論じておきたいのは、贅婿制度が農村社会で果たしてきた機能についてである。中国の貧しい農村で最も求められたのは、安い労働力である。かりに報酬不要の「作男」がいるとすれば、自作農としては何をおいても、そのような人間をこそ雇用したいに違いない。しかも、娘婿という関係になりさえすれば、報酬不要の「作男」は、ただちに永久に終身「農奴」となりうるのである。

無論、時には、「我行其野」に描かれているように、夫婦別れも有りうる。夫婦別れの主要な原因は、おおむね、入り婿が役立たずである、怠惰である、苦労をしたがらない、といったことであった。そのような婿は、時に追い出され、進んで苦労を引き受ける男子を新たに迎えざるをえなかった。

しかし贅婿達は、結局のところ、頼りになる場合のほうが多かった。このあたりの事情は、唐末五代の軍閥勢力の間で盛んに行われた「養子」制度と同様である。父子関係を有することで、養子達は死力を尽くして父親を守ろうとした。李克用が設けた十三太保（この場合の太保は強力な家臣の意）は、いずれも彼の「養子」であり、そのうちの李存孝についての伝承（母親に育てられた貧しい牧童であった李存孝が、数々の武勲を重ね出世する内容）は、まさにシンデレラ型に属する。

中国の沿岸地域、とりわけ福建省一帯において海外交易に従事する商人達、及び漁民達の間でも、養子制度が盛んに行われた。彼らは異姓の子供達を何人も金銭で買い取って養子とし、外洋に送り出し、交易や漁猟をやらせる。収穫は、すべてが「養父」に帰するのである。これもまた廉価の、あるいは一切の無償の労働力を利用して富を獲得する方法である。

また広東地方では、「多妾」制度が盛んである。一人の男が何人もの妾を金で手に入れ、彼女たちに辛い仕事や耕作を強い、その成果をすべて「旦那」が手にするという、やり方である。旦那と妾という名目がある以上、彼女たちが逃げたり、隠れたりする恐れはない。これまた、封建的な枠組みを利用して、廉価の、あるいは報酬を払う必要のない働き手を雇う方法の一つである。

全中国の至る所で行われている童養媳《どうようせき》制度も、その機能はこれに近い。あの悲惨きわまる『竇娥《とうが》冤《えん》』の物語（元曲の代表作。父親の貧しさ故に童養媳として売られた竇娥は、若くして夫を亡くし寡婦となる。その後、義母をかばうために無実の罪を引き受けて刑死するが、出世して巡察官となった父親の夢枕に立って事情を訴え、父の手により冤罪が晴らされる）は、まさにその代表的な例である。

贅婿《ぜいせい》の制度やそれに関する伝承は、これまで全く注意を向けられてこなかった。しかし、この制度は、今日においてもなお存続している。「黄鳥」「我行其野」二篇の作者達の時代から数えれば、ほぼ三千年になろうとしているが、こうした封建制度の残余は完全には払拭されていない。中国社会において、封建的勢力がいかに巨大であったかを知ることができよう。除き去るべき封建遺制が、今なお、どれほど存在しているのかは分からない。しかし、入り婿、童養媳、養子、妾などが、それらに属することは間違いない。

一九四六年二月四日記す

（『文芸復興』一巻三期、一九四六年）

第四章　釈　諱　篇

一　中国における名のタブー

人の名を呼ぶことをタブーとする慣習が、中国ほど強固に、かつ長きにわたって保たれてきた国はないであろう。古代中国の人々は、君主の名を忌み、親の名を避けた。たとえば『尚書』金縢《きんとう》には、周公旦が、祖先である太王、王季、文王の三王の霊に対して、祈願する一節がある。

惟《こ》れ爾《なんじ》の元孫、某《ぼう》、厲虐《れいぎゃく》の疾に遘《あ》う。若《も》し爾《なんじ》三王、是《こ》れ丕子《ひし》の責を天に有すれば、旦を以て某の身に代えよ（三王の霊よ。あなたがたの嫡孫である某、すなわち武王発は、いま重篤な病にかかっています。もし、あなたがた三王が、子孫守護の責任を天に対して有するならば、どうか私、周公旦を、某すなわち武王の身代りとしてください）。

この祈願文のなかで、周公旦は自らの兄、武王発の名を直接呼ぶようなことは決してせず、「某」と称している。同じように、後代の人々も、聖人の名を直接呼ぶことを避けた。たとえば、経書を声に出して読む時、孔子（孔丘）や孟子（孟軻《もうか》）の名に出あうたびに、必ず「丘」、「軻《か》」を避けて、「某」と読んだのであった。『論語』公冶長に、次のような一文がある。

子曰く、十室の邑、必ず忠信なること丘の如き者あらん。丘の学を好むに如かざるなり（孔子がおっしゃった。十軒ほどの家しかない小さな集落にも、私程度に真心のあつい人物は必ずいるはずであるが、私ほど学問を好む人はいないであろう、と）。

この文章を読みあげる場合には、「必ず忠信なること某の如き者あらん。某の学を好むに如かざるなり」と改めたのである。

同様に、神の名もしばしば避けられた。たとえば、関羽の神としての地位は、すでに元代において確立していたようであるが、それ故、元代に刊行された『三国志平話』（『三国志』の最も早い活字本、すべての頁に挿し絵が配されている）では、以下の如く、関羽に対してだけは、「関公」と称して名を避ける一方、張飛や劉備の名は避けていない。

関公が道を行くのが目に入ったが、その風貌は尋常ではなく、着衣もぼろぼろである。この土地の人間ではない。そこで張飛は、ぱっと前に飛び出して、関公に礼をすると、関公も礼を返した（巻上）。

明の羅貫中の『三国志通俗演義』となると、関羽に対する崇敬の念はさらに強まる。たとえば、巻一冒頭の「宗寮《そうりょう》（登場人物の名を列挙する表）」には、すべての人物の名前がそのまま書き記されてい

るが、ただ一人関羽に対してだけは「関某」としている。また本文第一回においても、

> 共に玄徳を拝して兄と為し、関某を次兄とし、張飛を弟と為す。……関某、八十二斤の青龍偃月刀（偃月刀《えんげつとう》は三日月型の刀、なぎなたの意）を造る。

の如く、関羽だけは終始一貫、「関某」と呼び、一度たりとも名前を称してはいない。

帝王の名前ともなると、とりわけ厳しく几帳面に避けられた。甚だしい場合には、過去の人物の姓名までも変えてしまって、帝王の諱《いみな》、すなわち名を避けようとした。たとえば後漢の明帝の名は「荘」であったが、これを避けるべく、荘忌《そうき》（前漢の詩人）を厳忌《げんき》に、荘君平（前漢末の隠士）を厳君平に、荘子陵（後漢の名士）を厳子陵と改めた。同じく前漢の宣帝の名「詢《じゅん》」を避けるため、荀卿（荀子のこと。戦国末の人）を改めて孫卿と呼ぶことにした。また前漢の武帝の名「徹」を避け、徹侯（いわゆる二十等爵の最高位、列侯）を通侯と改め、蒯徹《かいてつ》（前漢の策士）は蒯通《かいつう》と称することにした。

ましてや、今上皇帝の諱を避けるため、同時代人が改名することは、当然のことであった。たとえば、三国の人、杜伯度は、本来、操という名であったが、魏の時代になると、曹操の名を避けるために、伯度を名とした。また五代の人、陶穀は、本来の姓は「唐」であったが、後晋の高祖・石敬瑭《せきけいとう》の名を避けて、「陶」と改姓したのであった。こうした例は甚だ多く、いつの時代でも必ず行われたことであり、これ以上、例を挙げる必要はなかろう。

書物を版木で印刷していた時代には、皇帝の諱を避けるため、欠筆（欠画）という手段が用いられ

た。今日、版本研究者が用いる「宋諱欠筆《そうきけっぴつ》」という語は、宋代皇帝の諱を避けるための欠筆という意味である。この欠筆に着目することにより、しばしば刊刻年代を明らかにすることが可能となる。

清朝皇帝の名について言えば、かつて八股文《はっこぶん》（明清時代の科挙試験の答案に用いられた文体）が廃

亂反下冠而注始冠同瀫音弊本亦作弊玄冠朱組纓天子之冠也緇布冠繢緌諸侯之冠也皆始冠之冠也玄冠委貌也諸侯緇布冠有緌尊者飾也繢或作繪緌或作蕤○繢户内反注繪同緌本又作蕤耳隹反注及下皆同玄冠丹組纓諸侯之齊冠也玄冠

a

悦毋音無被方往反燬户教反易曰不恒其德或承之羞恒其德偵婦人吉夫子凶羞猶辱也偵問也問正爲偵婦人從人者也以問正爲常德則吉男子當專行斡事而以問正爲常德是亦無恒之人也○偵音貞周易作貞斡古半反

b

図 9　宋諱欠筆

aには「玄」，bには「恒」，「偵」の欠筆が見える。それぞれ趙氏の始祖の名「玄朗」，真宗の名「恒」，仁宗の名「禎」を避けている。なお，aの二行目，bの二，三行目の注文にも欠筆が見えている。

（宋紹熙年間・建安余氏萬巻堂刊『礼記』）

れるまでは、貴族の子弟が作文の仕方を初めて学ぶ時、諱を避けていかなる文字を用いるかについて必ず学んだものである。たとえば、「玄」（康熙帝の名は玄燁《げんか》）は、「元」に改めるか、「玄」と書いた。「愼」は「禛」（雍正帝の名は胤禛《いんしん》）と旁《つくり》が同じで発音が近いため、「愼」と書いた。王鴻緒『明史稿』の原刻初版本は、全頁の版心に「愼修堂」と刻まれており、後の版本も「愼」字は必ず欠筆にしている。さらに、数年前、清朝の遺老達が書物を刊行したが、やはりなお、溥儀の名を避けて、「儀」の字はすべて「儀」と書いている。

同様に、人の子たるものは、親の名前に対しても、つねに慎重を極めて忌まねばならなかった。たとえば、文章を書くとき、祖父や亡父に対しては、しばしば官職や爵位を以て「某某公」の如く称し、敢えて名前を呼ぶことはなかった。他人が無意識のうちに、あるいは故意に、祖先や亡父の諱を犯した場合には、大声で泣き涙を流し、一大痛恨事、あるいは最大の恥辱とみなして、死ぬまで忘れることはなかった。この点について、『世説新語』方正に、極めて興味深い一節がある。

盧志《ろし》は大勢の人々が居並ぶなか、陸士衡にたずねた。陸遜《りくそん》、陸抗（士衡の祖父と父の名）は、あなたにとって、どういうお方ですか、と。応えていうには、それは、君にとっての盧毓《ろいく》、盧珽《ろてい》（盧志の祖父と父の名）と全く同じだ、と。このやりとりを耳にした士龍（陸士衡の弟）は、顔色を失い、室外に出た後、兄にむかって、どうして、あんなに悪意のこもった応え方をされたのですか。あの人は、きっと知らなかっただけでしょう、と言う。これに対して士衡は、厳しい表情で、我らが父祖の名は、ともに天下にとどろいている。知らないはずがなかろう。あの幽霊の子め（盧志の祖先は、死者と結婚して子をなしたと伝えられていた）、わざと言ったに決まっている、と答えた。当時、人々は、陸士衡、陸士龍兄弟の優劣を決めかねていたが、謝公（謝安）は、このやりとりによって判断した。

陸士衡は、盧志の意図的な侮辱に対し、ただちに反撃を食らわしている。当時にあっては、こうした振る舞いは極めて妥当であると考えられたのである。

唐代の韓愈は、もっぱら諱の避け方について論じた文章を作っている。すなわち、かつて韓愈が、李賀（中唐の詩人）に対し、進士の試験に応ずる資格を得るための推挙を受けるよう勧めた時、賀と評判を争っていた人物（当時の制度では、試験結果だけでなく、本人の評判など様々な要素を総合的に勘案して合格判定を行った）が、李賀の父親の名は晋粛《しんしゅく》であり、進士に応ずる資格を与えられるべきではない（晋は進と同音であるため）、と主張した。そこで韓愈は、以下の「諱弁」なる文章を作った。

私は、かつて李賀に書簡を送って、進士の受験資格者になるための推薦を受けるよう勧めた。その後、推薦を受けた賀は、受験資格者となり、その名も広く知られるようになった。しかし、賀と評判を争っていた者が、言いがかりをつけた。曰く、賀の父の名は晋粛である。その子としての賀は、受験に応ずる者として推薦されないのが正しいあり方である。推薦を受けるよう勧めた者も間違っている、と。この言いがかりを聞いた人々は、深く考えることもなく同調し、口を揃えて同じように言い立てた。

皇甫湜《こうほしょく》も私に対して、事の次第を明白にしなければ、あなたも賀も、罪を獲ることになりましょう、と言ってきた。そこで私は、以下のように言明する。確かに、事の次第は明白にしなければならない。そもそも唐律には、二文字の名前は、一文字ごとに忌むことはしない、とある。法文の解釈に当たる人は、これについて、たとえば、孔子の母の名は徴在《ちょうざい》であるが、孔子は「徴」という文字を用いる時は、「在」を用いず、逆に「在」を用いる時には、「徴」を用いなかった。このようなことである、と述べている（つまり、二文字のうちの一文字を単独で用いることは許される）。同じく唐律に、発音が近い文字は諱む必要がない、とあり、解釈者は、たとえば禹と雨、丘と蓲《きゅう》（草の名）のような場合である、と述べている。いま、晋粛という名の父を持つ賀が、受験資格者に推薦されたことを以て、二文字の名前についての律を犯した、あるいは、発音が近い文字についての律を犯した、と言えるのであろうか。かりに父の名が晋粛であるから、その子が進士に挙げられるべきではないとするならば、父の名が仁である子は、人であることができない、ということになってしまうのではないか。

自らにも向けられた言いがかりに対し反駁する韓愈の文章は、非常に痛快である。しかし実際には、晋粛という諱を避けるため、進士に挙げられるべきではない、といった類の主張や、あるいは誰かの名前を避けるために事物の名前を変更する、というような例はかなり広範囲に見られた。

たとえば宋の朱翌《しゆよく》『猗覚寮雑記《いかくりようざつき》』(『学海類編』所収)巻三には、次のようにある。

秦の始皇帝の諱は政であったから、当時、正月を改めて端月とした。また、呂后の諱は雉であったため、雉に替えて野鶏という言葉を用いた。楊行密(五代・呉の太祖)が揚州を本拠地にしたとき、その地の人々は、蜂蜜を蜂糖と呼んだ。同様に、銭元瓘《せんげんかん》(五代十国・呉越国の二代文穆王)が浙江を統治すると、一貫は一千に改められた。石勒《せきろく》(五胡十六国・後趙の高祖)が長安に入って以降、北方の人々は、羅勒《らろく》(シソに似た香草)を香菜と呼ぶこととしたが、その呼称は今もそのまま用いられている。このようなことが行われたのは、当時、諱を犯す事を禁ずる法令が厳しく、敢えて犯そうとしなかったために違いない。しかし、我が宋王朝は、極めて寛大であり、科挙試験の答案と臣下の上奏文については、歴代皇帝の諱を決して犯してはならないが、それ以外の場合には、天下の人々が日常の生活において諱に気を使う必要はない。

大体において唐代以前には、君主と父親の名前に対するタブーの観念は過度なまでに強かったが、友人の名に関してはそれほど神経質ではなかったようである。しかし、宋代以降になると、わずかでも世代が上であったり、官職や爵位が少し上であったりすれば、その人物の名前はタブーとされた。また友人間でも、名を呼ぶことは大不敬とされた。やはり『猗覚寮雑記』巻一に、次のような文章が見られる。

唐代の詩には、自分の名を詩の中に記すことが少なくない。さらに他人の名やその輩行(親族間における長幼の順）についても、そのまま詩に用いている。たとえば、杜甫の詩に、「甫、昔《むかし》少年の日」（「奉贈韋左丞丈二十二韻」）あるいは「白や、詩に敵なし」（「春日憶李白」）とあり、韓愈の詩にも「愈、昔、大梁の下に従事せし」（「送僧澄観」）、あるいは「籍や、嶺頭《れいとう》の瀧（私、張籍は、嶺から落ちる瀧である。この部分は張籍自身の語の引用）」（「病中贈張十八」）とあるようにである。しかし、今や状況は一変した。自分の名を記さないのは言うに及ばず、人の名を詠み込みなどすれば、大変な怨み怒りを買うことになる。世の中が賢《さか》しらになり、人に対する本当の真心がすたれてしまったためである。

名前を忌避するこうした習俗は、現在に至るまで変わることなく、極めて頑強に人々の心に根付いている。学問のある人や、些かなりとも読み書きができるような人は、ほぼ例外なく、名前以外に必ず字があり、号まで持っている。甚だしきにいたっては、一人で十種類近くの別号を称することすらある。

互いに見知らぬ者どうしが出会った時には、決して名前を尋ねあおうとはしない。まず姓を尋ねた後、きわめて恭《うやうや》しく、「何とお呼びすれば、宜しいでしょうか」と尋ねるきまりであり、尋ねられた方もやはり判で押したように「私の字など、つまらぬものですが、……」と応えるのが、しきたりとなっている。

私は、しばしば全く知らない人から手紙をもらうが、宛名の「振鐸先生」のかたわらには、「未知台甫、敬乞原諒（いまだ大号《たいごう》をなんとおっしゃるのか存じません。どうかお許しください）」などといった字句が注記してある。

すでに元代の人々が、賎業に従事する人までが字や号を称していることに憤慨している。たとえば『太和正音譜』巻上（明・寗献王《ねいけんおう》・朱権の著）には、「かつては姓で血族の区別を表し、名だけがあって字はなかった。しかし今では、趙明鏡が誤って趙文敬と伝えられ、張酷貧が誤って張国賓と伝えられているが、ともに間違いである。昔の歌い手は、ただ楽曲を以て呼び名としていたにすぎず、字など、いつの世にもなかった（明鏡、酷貧はともに楽曲の名であったが、後に字としてふさわしい文敬、国賓の文字が当てられた）」とある。さらに劉時中（元代後期の元曲作家）の『上高監司』端正好には、「米売りが子良（良は糧と同音）という字を称し、肉屋は仲甫（甫《ほ》は肉を意味する脯《ほ》と同音）、皮職人は仲才、邦輔（才は材料の材・裁断の裁と同音。邦は袋状の物を意味する帮《ほう》と同音）。清之（上等の酒である清酒の発音に近い）という字は必ず酒売りであり、油売りが仲明（仲は中と同音で、中が明るいの意味）、塩売りが士魯（魯は塩を意味する鹵《ろ》と同音）……、飯売りは君宝（宝は飽と同音。あなたは腹一杯になるの意味）、粉ひきは得夫（夫は麩《ふ》と同音）などと称している。ばかばかしくて話しにならない」とある。

承知のように、民国以降、一介の歩兵から大将軍にのし上がった人物は少なくない。彼らはトントン拍子で出世すると、本名以外に「字」と「号」を持つようになる。たとえば張宗昌（民国、奉天派の軍人）は「効坤《こうこん》」という字をつけたが、彼の部下達は、敬意を表して「効師」と呼んだ。また呉佩《はい》孚《ふ》（民国、直隷派軍閥）の字は「子玉」であったが、人々は彼のことを「玉師」と呼んだ。段祺《き》瑞《ずい》（民国、北洋軍閥の長老。ドイツ留学の経験がある）のような人物までも、一般には彼の字「芝泉」に因んで「芝老」と呼ばれたり、またその出身地、安徽省合肥に因んで「合肥」と呼ばれて、名を呼ぶことが避けられた。

こうした慣習は、新聞記者達にとって大変な面倒となっている。人並みはずれた記憶力がなければ、彼らの記者稼業はつとまらない。政治的に重要な人物ひとりひとりの呼び名について、それなりの時間をかけてじっくりと研究するぐらいはしておかなければならない。

この慣習は、しばしば新聞の読者にとっても、大変やっかいなことである。たとえば新聞記者が、字だけを記し、名を記さなかったような場合である。かつて私は、効坤とは、いかなる人物であるのか全く知らなかった。同様に、宋哲元（民国の軍人）の字が「明軒」であることを知っている人も、きっと多くはなかろう。

清の人、卜陳彝《ぼくちんい》『握蘭軒随筆《あくらんけんずいひつ》』巻下には、以下のような記述がある。

おおよそ名刺の表面には、昔は「正」の字を書いていた。しかし、張居正が宰相となった時、その諱を避けるため、札を貼り付けることにしたところ、それがその後の習慣となった。これは本来のあり方ではない。

ひとりの大臣の名前を避けるため、日常的に用いる名刺までもが、その形を変えてしまったのである。名前のタブーに、どれほどの注意が払われていたのか理解できよう。

この点は今日でも変わりがない。かりに友人に対して、その名前をじかに呼んだとすれば、「大不敬」の所業をなしたと受け取られる恐れがある。法廷においてすら、裁判官が犯人に対する段となって、ようやくその名を呼ぶことができるのである。

昨年、国民政府がなんと、各新聞社に対して、要人の名前を直書することは許可しないとの通達を出したことは、記憶に新しい。

こうした古い習慣が、今日まで、かくも頑強に残っているのは、いったい何故か。なぜ、名前を呼ぶのが「不敬」とされるのか。「不敬」とみなす観念は、何故に生まれたのか。また、名前は避けなければならないのに、字は避けなくてよいのか。

話が些か長くなってしまったが、要するに、諱の習俗もまた、極めて古い時代から残されてきた原初的なタブーの一種である。古い時代には、タブーであったものが、後代になり、礼俗上の、あるいは道徳や法律上の問題へと変化していったのである。

二　人間の名前と呪術

上古の人々は、自分の名前を極めて神秘的なものと考えていた。自分の名前と自分の生命との間には、切り離すことのできない関係がある、すなわち名前は、自分自身の重要な一部である、と信じていた。他人の名前や神の名もまた同様に他者や神の一部であり、人々は、こうした名前をつけることによって、他者と自分を区別していたのである。

さらに彼らは、神や鬼、あるいは他人の名前を知れば、その名前の持ち主を自分の思い通りにすることができ、危害を加えることもできると信じていた。それ故、他人に名前を知られぬよう常に用心していた。友人に対してすら隠し続け、ましてや敵対者には決して知られぬよう気をつけた。

こうした観念は、未開社会の人々が、ものとその持ち主、ものとその名前、実在とその象徴といった諸物を明確に区別することができなかったことに基づいており、そのような社会では極めて普遍的に観察される原初的思考形態の一つである。彼らは、生物と無生物の間に明確に線を引いて区別するということも、やはりできなかった。一本の樹木、一すじの河、ひとつの石ころ、こうした物がすべて人格化され、自分達と同様に物を考えたり、何かを感ずることができる、と見なしていたのである。

そのような社会では、呪術こそが目には見えない恐怖の世界を造りあげる根源であると考えられた。

一切の事物に、呪術を媒介する可能性があり、呪術こそが彼らの生活を支配していた。彼らは、ある物の正体が分からなくても、それが幸や不幸を——大抵は良くない結果を——もたらす媒介物になりうると考えていた。

彼らにとって、名前が自分自身の一部であることは、自分の肉体の一部、たとえば髭《ひげ》や髪、あるいは爪が自分の一部であることと全く同じであった。しかも、その重要度は、名前のほうがはるかに大きかった。だからこそ、呪術の媒介物として敵に利用されぬよう、絶対に名前を隠さなければならなかったのである。

また、あるものを知り、理解することは、実際にそのものを捉え、手に入れることと同じであった。それ故、敵の名前を知ることは、実際にその敵の身体を捉え、獲得することと変わらなかった。

中国におけるこの種の観念は、ずっと時代がくだった宋代以降の伝奇や小説のなかに、なお多く保存されている。たとえば、呉承恩『西遊記』第三四回「魔頭（邪悪な悪魔）の巧算《たくらみ》、心猿を困しめる、大聖、取り替えて宝貝《たからもの》を騙し取る」の一段に、とても分かりやすい例が見られる。

銀角大王は孫悟空にむかって言った。「文句を言いに来たとは、つまり挑戦に来たということだな。お生憎《あいにく》だが相手にならないぞ。それより、これからお前を一声呼ぶが、それに応える勇気があるか」

すると孫悟空は、「お前が千回呼んだって、恐いことなどあるか。万回だって応えてやるさ」

と言い返す。

そこで銀角は宝貝（紫金のひょうたんのこと）をもって空中に舞い上がり、底を上に、口を下に向けて「孫行者」と呼んだ。悟空がすぐさま返事をできないでいると、もう一度「孫行者」との声がかかる。孫悟空は我慢しきれず、おお、と返事をした。すると、悟空はたちまち、ひょうたんの中にすうっと吸い込まれ、お札《ふだ》を貼られてしまった。

このように、孫悟空は、おおと返事をしたとたん、銀角のもちものである紫金のひょうたんに吸い込まれてしまった。だが、その後、悟空は一計を案じて脱出に成功する。しかも、妖怪に変身して、くだんのひょうたんを盗み取り、そのうえで、偽のひょうたんを作って、それを金角、銀角のかたわらで捧げ持つ。

続く第三五回「外道《げどう》、威を施して正性を欺き、心猿、宝を獲て邪魔を伏す」には、本物のひょうたんを手に入れた悟空と、偽物をつかまされた銀角大王の対決が描かれている。悟空はまず銀角に自分の名前を呼ばせるが、当然、吸い込まれるわけがない。ところが、本物のひょうたんを持つ悟空が、銀角の名を一声呼ぶと、本来の持ち主が吸い込まれる羽目となる。その場面を、見てみよう。

悟空は銀角に対し、「二つのひょうたんの雄雌《おすめす》（銀角のひょうたんは雌、悟空のは雄であるという前段のやりとりを踏まえた語）などは、お前の言うとおり、このさい、関係ない。まずお前の方から、やらせてやろう」と言う。そこで銀角は大いによろこび、ぱっと身を躍らせて空中に飛び上がり、ひょうたんを手にして「行者孫」と叫んだ。悟空はそれを耳にすると、立て続けに何度も返事をしたが、吸い込まれるはずがない。銀角は地上に降り立ち、じだんだを踏み胸を叩き、「しかたがねえ。この世には、どうしようもない定めがあるもんだ。これほどの宝貝でも、やっぱり檀那は怖いらしい。雌は、雄の前では、吸い込むことができねえんだ」と嘆き悔しがる。

悟空は笑って、「用意はいいか、今度は俺様がお前を呼ぶ番だ」と言うや、ぱっととんぼをきって舞い上がり、ひょうたんの底を上にして、口を銀角に向けねらいを定め、叫んだ。「銀角大王」。銀角がやむなく一声応えると、すうっとひょうたんの中に吸い込まれ、「太上老君急急律令の如し奉勅」というお札を貼られてしまった。悟空は「でかしたぞ。今日もまた新しい獲物をものにするとは」と心中ひそかに喜んだ。

もう一人の妖怪、金角大王も、やはり魔法の宝貝、浄瓶《じょうへい》を持っており、その力は、銀角のひょうたんと同じであった。しかし、やはり銀角と同様、自分がその壺に吸い込まれてしまう。

金角は沙悟浄や猪八戒の攻撃を防ぎきれず、風に乗って南へ逃げようとした。八戒と沙悟浄は、逃がさじと追いすがる。悟空は急いで觔斗雲《きんとうん》に乗り空中へと飛び上がり、腰につけた浄瓶（金角から奪い取った）を手にとり、金角にねらいを定めて叫んだ。「金角大王」。金角は、てっきり生き残った手下の妖怪が呼んだものと思い、振り向いて「おう」と応えた。とたんに、すうっと浄瓶の中へ吸い込まれ、太上老君のお札を貼られてしまった。例の七星剣（金角の宝の剣）はといえば、ほこりにまみれて落ちており、これまた悟空のものとなった。

名前を呼んで行う呪術は、すでに『武王伐紂』（武王克殷に取材した元初の説話小説）に登場している。さらに『封神伝』では、敵の名前を呼んで落馬させる術が頻繁に用いられ、また敵の魂魄《こんぱく》を操る方術「迷魂陣」の手順では、その人物の名前に呪術を加えることが中心となっている。

たとえば『封神伝』第一四回「哪吒《なた》、蓮の花の化身を現す」には、自ら命を絶って肉体を父母に返した哪吒が、魂となった後も物事をわきまえ、東へ西へと漂いながら、師匠に当たる太乙真人《たいいつしんじん》の所に飛んでいった顚末が描かれている。太乙真人が、以下の如く、哪吒の姿をかたどって蓮の花を敷き詰め、哪吒の名を一声唱えると、それは人間に化身したのであった。

太乙真人はそこで、「お前のために、好いことをしてやろう」と言い、金霞童子《きんかどうじ》を呼んで、五蓮池から、蓮の花をふたつと葉を三枚摘んでくるように命じた。童子は急いで蓮の花と葉を摘んでもどり、地面に置いた。真人は、花びらをつまみ取り、天地人（頭・身・脚）の三才をかたどって上中下に並べた。蓮の葉の茎《くき》は折って、三百の骨節とした。さらに三枚の蓮の葉で、上中下、つまり天地人をそれぞれおおった。ついで一粒の金丹を取りだし、これらの真ん中に置き、先天の気（元気とも呼び、生命活動を維持する重要な要素であり、かつ内丹を煉るための根本）を九度めぐらせ、離龍《りりゅう》と坎虎《かんこ》を分離し（離龍すなわち元神と坎虎すなわち元精を体外に分離したうえで）、哪吒の魂魄をつかみとり、蓮の中へと入れ込んだ。そうして「哪吒よ、いま人とならずんば、いずれの時を待たん」と大声で唱える。声が響くと同時に、一人の人間が跳び上がった。面《かお》は、おしろいを塗ったように白く、唇は紅をさしたように朱い。眼は澄んでまん丸い。身の丈は一丈六尺ばかり。これぞ、蓮の花の化身、哪吒である。

ここでは、名を呼ぶ呪術が、呼ばれた人にとって良い結果をもたらすことに用いられている。しかし、この呪術は、ほとんどの場合、悪い結果をもたらすことに用いられる。たとえば、『封神伝』第三六回「張桂芳、詔を奉じて西征す」には、名前を呼んで落馬させる呪術について、詳しく記されている。

張桂芳は、得意の呪術をたよりに、飛虎をつかまえることだけを一心に考えた。両者の攻防がしだいに熱をおび、刃《やいば》を交えること十五回になるかならぬ頃、張桂芳は、大声で、「黄飛虎よ、いま馬から落ちずんば、いずれの時を待たん」と叫んだ。すると、飛虎は自らの意思とは関係なく、鞍《くら》から転がり落ちた。ただちに兵士達が、生け捕りにしようと駆け寄る。その時、陣中から一人の猛将が馬を駆って突進してきた。誰あろう、周紀である。斧を振り上げ、真っ直ぐに張桂芳めがけて襲いかかる。飛龍、飛彪の兄弟もそろって飛び出し、兄の飛虎を救い出す。

こんどは周紀が、張桂芳と大立ち回りを繰り広げる。そのさなか、一槍突いた張桂芳が、突然逃げだした。わなとも知らず、周紀はあとを逐いかける。そこで、かねて周紀の名を知る張桂芳が、大声で叫んだ。「周紀よ、いま馬から落ちずんば、いずれの時を待たん」。すると、周紀もまた転げ落ちる。あわてて諸将が救いに駆けつけるが、その前に、兵士達に生け捕られ、軍門内に連れ去られてしまった。

名前を呼んで落馬させる張桂芳の呪術の前では、為すすべがないと見た姜子牙《きょうしが》（太公望呂尚のこと）は、やむなく、免戦牌《めんせんはい》（一時的停戦を求める札）を掲げざるをえなかった。しかし、その後、哪吒が、師命（太乙真人の命令）を受けて山から下り、子牙の加勢に駆けつける。こうして、張桂芳の呪術は、ようやく破られることになる。

先鋒の風林が、手勢を連れて出陣し、城下に近づき戦を挑んできた。そのあり様を斥侯《せきこう》が馬を走らせて姜丞相のもとに報告した。哪吒がそこで、「私めがまいりましょう」と進み出る。子牙が「気を付けろ。かの張桂芳は、名前を呼んで落馬させる呪術の使い手だ」と言うと、哪吒は、「様子を見ながら、やります」と応え、ただちに風火輪に乗って、城門を開けて出撃した。

すると、藍の如く青い顔に丹沙のように赤い髪、頭のてっぺんからつま先に至るまで凶悪さを漲《みなぎ》らせた一人の武将が、手に狼牙棒《ろうがぼう》を持ち、馬を駆って出陣してきた。風火輪にまたがる哪吒を見て、「お前は、どこのどいつだ」と問う。哪吒が、「我こそは、姜丞相のおとうと弟子《でし》、李哪吒なり。お前が、あの張桂芳か、名前を呼んで落馬させるだけが取り柄の」と応ずれば、「違う。我はその先鋒、風林なり」、と風林。哪吒が「お前の命は勘弁してやるから、張桂芳を呼んでこい」と声をあげると、風林は大いに怒って、馬を駆り棒を振るって哪吒にせまる。両者は互いに、

図10　那吒と風火輪

槍などの武器を手にして，炎状の風火輪に跨るのが那吒

（『老戯曲年画』上海画報出版社，1999年）

手にとる槍と棒とをかかげ、にらみ合う。やがて風火輪と騎馬が交錯し、槍と棒とが両々相い打ち、西岐城下で大激闘が始まった。そのあり様が、詩に謡われている。

下山首戦会風林　山からおり最初の戦で風林と激突する
発手成功豈易尋　始めから上手くいくとは限らない
不是武王洪福大　武王が大きな幸運に恵まれないなら
西岐城下事難禁　西岐城下の物事は、おいそれとは運ばない

――中略――

さて、敗れた風林は、ほうほうの体で陣営に戻ると、張桂芳に戦いの様子を詳しく語り、また哪吒が名指しで張桂芳に戦いを挑んでいる、と伝えた。それを聞いた張桂芳は大いに怒り、ただちに馬に跨り、槍を引っ提げて出陣する。意気揚々たる哪吒に出くわすと、「風火輪のうえで踏ん張っているのは、哪吒とやらか」と問う。「そうだ」と哪吒が応ずる。「お前がわしの家来を痛い目にあわせたのだな」と張桂芳。すると、哪吒は大声で、「下郎め。名前を呼んで落馬させる術の使い手だというから、わざわざ、とっつかまえに来てやったのだ」と一喝し、槍をきらりと光らせ突進する。張桂芳も、すぐさま身がまえて応戦する。風火輪と騎馬でたがいに攻めたて、二本の槍で撃ちあう。かたや、蓮の花に身を借りた霊珠、こなた封神榜（神に封じられる者の名を列挙したリスト）にも名の見える喪門（妖怪）。すさまじい死闘となった。……

さてまた、両者、槍を激しく撃ちかわすこと三、四〇回。哪吒の手にする槍は、太乙仙から拝領したもの。一槍突っ込めば稲妻が天空を駆けめぐり、風を切る音は玉樹を振るわすが如し。腕に覚えのある張桂芳が勇気をふるって太刀打ちしても、長くは持ちこたえられない。そこで、くだんの術を用いて、哪吒をつかまえようと、「哪吒よ、いま馬から落ちずんば、いずれの時を待たん」と大呼する。哪吒は一瞬、たじろぎはしたが、両足をしっかと踏みしめ、決して落ちたりしない。術が通ぜぬのを目にし、桂芳は大いにあわてる。「我が老師秘伝の術は、名前を呼べば、武将であろうとなかろうと、誰でもつかまえられるもの。これまで百発百中のこの術が、今日は、いったいどうしたことか」。やむなく、ふたたび叫んでみるが、哪吒は全く動じない。続けて叫んでも、効き目はさっぱりない。すかさず哪吒は、大音声を張りあげて、「怖い物知らずめ。風火輪から降りる降りぬは、俺様が決めること。この俺様に指図など、お前にできるわけがない」とやり返す。

哪吒に対しては、何故、張桂芳の術が通じないのか。それは、哪吒が蓮の化身であって、「人間にそなわる三魂七魄などあろうはずもなく、それ故に術が通じない」のである。しかし、普通の人間であるかぎり、一声呼んで術をかけられると、魂魄が肉体から離れ、あちこちに散ってしまう。そのため、ひとりでに落馬してしまうことになるのである。

第三七回「姜子牙、崑崙山にのぼる」に見える話は、さらに妙味がある。

崑崙山の主、元始天尊は、姜子牙に言った。「帰路、誰に呼び止められようと、応ずるでないぞ。もし応ずれば、あらゆる方向から攻め立てられることになろう。しかも、東海にはお前が来るのを待っている者が一人おる。勉めて用心せよ。さあ、出発せよ」。子牙が宮殿を出ると、南極仙翁が見送りにやってきた。子牙はたずねた。「兄様、私が山にのぼって老師に拝謁しましたのは、張桂芳を退ける方策を授かろうと思ってのことです。しかし、お慈悲はいただけませんでした。いったい、どうすれば良いのでしょう」。南極仙翁は応えて、「天の定めは、結局は動かすことはできぬ。お前にできるのは、誰かに呼ばれても、絶対に応じないことだけだ。これは極めて大事。しかと心にとどめよ。遠くまでは送れない。この辺で失礼」と言うだけであった。

子牙は、元始天尊から授けられた封神榜を押し戴き、麒麟崖まで来ると、ようやく土遁《どとん》（超速の乗り物）に乗った。すると背後から自分を呼ぶ声がする。子牙は、「確かに誰かが呼んでいる。しかし、応じてはならない」と自らに言い聞かせた。すると、また後ろで誰かが呼ぶ。やはり応えなかった。さらにまた「姜丞相」と呼ぶ。やっぱり応えない。何度か繰り返し呼んだ後、子牙が応じないのを見て、その人物は大声で叫んだ。「姜尚、お前はなんと薄情で恩知らずなのだ。丞相となり、位《くらい》、人臣を極めた今となっては、玉虚宮でともに修行に励んだ四十年のことなど、もう忘れてしまったというのか。何度お前の名を呼んだら、応じてくれるのか」。子牙は、ここまで言われると、振り返らざるを得なかった。そこには、一人の道人がいた。さて、よく見ると、なんと兄弟弟子の申公豹であった。

この時、子牙が呼びかけに応じたばかりに、やがて、数え切れないほどの戦闘がまき起こされる。名前に関する呪術が、最も大きな機能を発揮した例であると言えよう。

さらに同書第四四回「子牙の魂、崑崙山に遊ぶ」には、姚天君《ようてんくん》が、わら人形に子牙の名前を書き呪術をかけた結果、子牙が重病にかかる顚末が記されている。

姚天君は衆人を押しわけて、落魂陣の中に入った。そこに土の壇を築き、その上に香炉台を設け、さらに、「姜尚」という名を記したわら人形を置いた。わら人形の枕元には油皿三枚の小燈をともし、足元には七枚の小燈をともした。前者が魂の遊離をうながす催魂燈《さいこんとう》、後者が魄をつかまえる捉魄燈《そくはくとう》である。姚天君は髪をザンバラにして剣を手に持ち、北斗のステップを踏み呪文を唱え、台の前で札を書き、呪物で空を切った。一日に三度実行し、それを三、四日続けると、子牙の意識はぼんやりとして、平静を保つことが不可能になっていった。

このような例は、まさに枚挙にいとまがなく、ここでは、そのうちのよく知られた例を挙げたまでである。

前述の如く、哪吒の魂魄は、太乙真人にその名を呼ばれて変化したのであるが、これと通ずる物語が、元の王曄《おうよう》の雑劇「桃花女《とうかじょ》、呪術を破り周公の家に嫁ぐ」にも二例見られる。一つ目は、楔子《せつし》（元曲を構成する基本四幕以外の軽い一幕）に見え、主人公、桃花女が、遠方での商いに成功して帰宅途上にあった石留住の命を救うという話である。すなわち石留住は、たまたま廃棄された窯《かま》の中で夜を明かしていたが、その窯が崩壊して圧死する運命にあった。そこで桃花女は、石留住の命を助けるため、その母親に、深夜三更《さんこう》（十二時前後）に、大びしゃくで敷居を三回たたき、石留住の名を三度呼ばせた。その時、窯の中で寝ていた石留住は、誰かに名前を三度呼ばれたような気がして、目を覚まし窯を出ると、瞬時に窯が崩れ、すんでの所で死を免れることができた。二つ目の話は、第四幕に見える。すなわち、洛陽随一の占い師であり、呪術師でもある周公が、桃花女の「本命（本来の存在）」である小さな桃の木を切り倒すことによって、彼女の命を奪ってしまった。しかし桃花女は、事前に彭大《ほうだい》（周公に仕える老人であり、また桃花女に命を救われたことのある隣人）に自分が死んだら、耳元で「桃花女！　早く目覚めよ」と三度叫ぶように言いつけておいた。そのため、彼女は生き返ることができたのであった。

この二つの例は、いずれも名前を呼ぶ術が良い結果をもたらすことに使われている。しかし、名前を知っていることを利用して、敵対者に妖術を加えようとする場合のほうが、はるかに多いのである。いわゆる「巫蠱《ふこ》の術」は、こうした呪術の一種である。現在でも、呪詛したいと考える人の名を木の人形に書き、これに危害を加える呪術が、知識のない人々の間で大いに流行している。

三　妖怪の名前と呪術

たんに人間だけが名前の呪術に左右されるわけではなかった。神々や妖怪もまた、人間に名前を知られることによって影響を受け、超自然的な能力を発揮できなくなると考えられていた。最も有名な例は、イギリスの民間伝説「トム・チット・トット」である。

ある時、一人のとても食いしん坊な娘が、母親が残しておいたビスケットを食べてしまった。母親はたいそう不機嫌で、娘のことを歌にして門のあたりで唄っていた。ちょうどその時、国王がそこを通り過ぎ、たずねた

「いったいお前は、何を唄っているのかね」

母親は娘が食いしん坊だなどと言うのは、ばつが悪く、

「私が唄っているのは、娘が一日に糸巻き五本分の糸を撚《よ》ることができる、ということでございます」とデタラメを言った。

それを聞いた国王は、娘を娶ることにした。ただし条件を一つつけた。新婚の一一か月の間は好きな物を食べ、気に入った衣裳を身につけることを許す。しかし、一二か月目の最初の日からは、毎日糸巻き五本の糸を撚り続けなければならない。もし、それができなければ、命はない、

という条件である。

　こうして一か月の間、娘は、このうえなく愉快な日々を送った。国王は条件のことなど忘れてしまった、と娘は思ったほどであった。しかし、一一か月目の最後の日、思いもかけず、国王は娘を小さな部屋へ案内した。そこには、一台の糸撚り機と木の腰掛だけが置かれていた。翌日、国王は娘に麻糸を撚るための材料を渡した。この時になって、娘は初めて懼れおののき、一体どうすればよいのか分からず、ただ腰掛けに座って泣くだけであった。

　すると突然、ドアを外側からノックする音が聞こえた。ドアを開けると長い尾のある小さな黒いものが部屋へ入ってきて言った。「泣くんじゃないよ。助けてあげるから。おいらが毎日ここへ麻を取りに来て、あんたのために糸を撚りあげ、持ってきてあげるよ。ただし、今日から毎晩、おいらの名前を三度だけ当てさせてあげる。もし、一月のうちに、当てられなかったら、あんたはおいらのものになる、という約束でどうだい」

　このようにして、一日、また一日と過ぎていった。約束の日の前の晩、彼女はやっぱり、それまで同様、当てずっぽうで言うしかなかった。

「ピエール？」

「違うよ」

「ニート？」

「違うね」

「マルク？」

「違うよ」

例の小さくて黒いものは、ハハハと笑って言った。

「もう明日一日で、あんたは、おいらのものだ！」

約束の日、娘と食事をともにしていた国王は、二口三口食べただけで、こらえきれずにフフフと笑い出してしまった。そして、狩りに出かけた時に見たことを娘に話した。長い尾のある小さな黒いものが、小さな小さな糸撚り機で糸を撚りながら、「だめだよ。しゃべっちゃ、だめだよ。おいらの名前はトム・チット・トット」と唄っていたというのである。それを聞いた娘は、うれしくてたまらず、話しもできないほどだった。

夜になるとまた、あの小さな黒いものがやってきて、たずねた。

「おいらの名前は何かな。今晩当てられなかったら、あんたは、おいらのものになるんだよ！」

彼女は何歩かあとづさりして、黒いものをゆび指しながら、とまどっているかのように、わざとゆっくり答えた。

「ソ・ロ・モ・ン？」

「違うよ」

「シ・ベッ・ト？」

「やっぱり違うよ」

最後の最後に、彼女はゆび指して言った。

「お前の名前は、トム・チット・トット・トット！」

とたんに、小さな黒いものは暗闇のなかへ逃げ去り、二度と現れることはなかった。

このような「トム・チット・トット」型の説話は、世界中に分布しており、そのモチーフは、いずれも怪物の名前を言い当てることにある。

たとえば、チロル地方の説話では、公爵夫人が主人公である。

夫人の夫である公爵が、ある日、森の中で狩りをしていると、突然、目が赤く髭の長い小人に出会った。小人は、侯爵が、彼の領界を犯したと言い、公爵自身の命で償《つぐな》えないなら、夫人を差し出せ、と言う。あまりの話に、公爵が何度も許しを請うと、とうとう小人は譲歩して言った。もし、今から一月以内に、公爵夫人が彼の名前を言い当てることができたら、許してやろう。当てられなかったら、夫人は彼のものになる、と。結局、両者は、夫人が一本の古い樹の下で小人と三度会い、会うたびに三回、あわせて九回、名前を言うことができる、という約束を交わした。

こうして一月が過ぎ去るころ、夫人は約束に従って、古い木の下で小人に会い名前を言った。

「チェウニイ?」

「フェイチット?」

「フール?」

小人は、うれしそうに叫んだ。

「はずれだね」

夫人は城に戻り、礼拝堂で真心をこめて祈った。

次の日、夫人は二度目を試みた。

「ハイファー?」

「ポルドン?」

「ドゥルケン?」

小人は言った。

「みんな、はずれさ」

三日目、夫人が約束の場所へ行くと、小人の姿はまだなかった。そこで、足の赴くままに歩いていくと、きれいな谷間があり、小さな小屋が目に入った。足音を忍ばせて窓に近づき、こっそりのぞき見ると、中では例の小人が、うれしそうに飛んだり跳ねたりしながら、自分の名前を唱っていた。夫人はたいそう喜んで古い木の下に戻り、小人を待った。小人がやってくると、わざとじらせて言った。

「プール？」

小人は首を振った
「シーガ？」

この時、小人は、初めて少し驚いた。

「プールシニーガル！」

甲高い声で、夫人が叫んだ。

すると小人は、二つの赤い目を大きく見開き、小人はたいそう怒り、大声で吼えながら暗闇の中へと走り去り、二度と現れることはなかった。

R・H・バスク（一九世紀イギリスの民俗学者）訳の『極東のサガ』にも、同様の物語が収められている。

ある国王が、王子に、旅に出て見聞を広めてくるように命じた。そこで、王子は、親友である宰相の息子ひとりとともに出発した。ふたりが帰国の途についたとき、王子の知恵をねたんだ宰相の息子は、王子を騙して森の中へ連れ込み、殺してしまった。死ぬ間際、王子は「アパラチカ」という言葉を発した。

宰相の息子は宮殿へ帰り着くと、国王に対し、王子は旅の途中で病死されましたが、死に臨んで「アパラチカ」という言葉をお遺《のこ》しになりました、と報告した。そこで国王は、配下の呪術師たちを呼び集めて、申し渡した。もし、七日以内に「アパラチカ」という言葉の意味を明らかにできなければ、お前達は全員、死刑だ、と。

呪術師たちは、頭をひねりあれこれと思いをめぐらすこと、六日。気だけは急《せ》きながら、言葉の意味は、皆目、見当がつかなかった。七日目、一人の弟子がやって来て彼らに告げた。「あきらめる必要はありません。その言葉の意味が分かりました。私が木の下で横になっていると、親鳥が雛鳥《ひなどり》に、次のように話しているのが聞こえてきました。『さえずりながら食べるのはおよし。明日の朝早く、カーン（国王）は、「アパラチカ」の意味を解き明かせないからといって、千人もの人間を殺そうとしているのだよ』、と。しかも、その鳥は、例の言葉は、「私の親友が私を騙して森の中へ連れていき、私を殺した」という意味だ、と言いました。

呪術師たちが、急いで報告すると、国王は大臣の息子をつかまえて殺した。

この物語は、「トム・チット・トット」型説話とはやや性格を異にしているが、意味不明の言葉の意味を解き明かすというモチーフは、正体不明の妖怪の名前を言い当てるそれと、ほぼ同じである。名前を言い当てることが、かくも重要な意味と機能を有するという事実は、そうした社会の人々がいかに名前を特別視していたかを物語っている。前節で述べた、名前を呼んで落馬させる方術などは、すべてこの問題の研究の一環として扱われるべきであろう。

四　名前と黒呪術

未開社会の人々は、人間の肉体の具体的な一部、たとえば髪、髭、爪などが、呪術や呪詛を行う際の手段になると信じていた。さらに、人間の非実体的なもちもの、たとえば影、肖像、名前なども、その人物に対して呪術をかけたり、詛ったりするための手段になりうると考えていた。

音や光に関する科学的知識が乏しい彼らは、人気のない山で聞こえるこだま、水面に映る倒影、人間の後を追いかける影などは、すべて、人間が第二の自己、すなわち霊魂を有することを証明するものであると考えていた。

南アフリカのバスト族が川岸を歩こうとしないのは、川面に映った自分の影を、ワニがとらえるようなことでもあれば、それによって、害が自分の身に及ぶことになるのをひどく恐れているからである。東南アジアのウェーター島には、刀や槍で人の影を刺すことによって、本人に激痛を与えることを専門とする呪術師がいたという。アラブ人は、もし狼に影を踏まれたら、ものが言えなくなると信じている。近代ルーマニアでは、建物を新築する時、建て主は、道行く人を騙して、その人の影がちょうど建物の礎石に重なるような場所に連れていかねばならないとされており、しかも、騙された人は、その年の内に必ず死ぬと信じられていた。これは、かつて建物を新築する時には、人間をひとり犠牲として埋め、土地神に捧げていた習俗のなごりである。

　未開社会の人々は、影に関するこうした観念と、ほぼ同様の見方を、名前についても有している。たとえばアフリカ・ビクトリアの人々は、呪術師に利用されるのを非常に恐れ、自分の本名を絶対に人に教えようとはしない。オーストラリアのタスマン人もまた自分の名前が人の口にのぼることを、極めて不快に感ずる。

　西アフリカのトゥシ語族では、彼らの本当の名前を知っているのは最も近い親族だけであり、それ以外の人々は、あだ名を知っているのみである。エウィ語族の人々も、名前と名前の持ち主との間には直接的な関係があると信じ、名前を使って、その人に危害を加えることが可能であると考えている。

　ブリテッシュ・ギニアの現地人も、異常なまでに名前を特別視している。彼らは自分の名前を口にすることを極端にいやがる。彼らの考えでは、名前は人間の一部であり、それを知ることは、その人物の一部を思い通りにできる力を持つことを意味する。それ故、他人に名前を知られないように、普段、互いに呼び合う時には、親族関係に基づいた呼称を用いる。当然、外来者であるヨーロッパ人に対しても、名前を教えようとはせず、不便このうえない。ヨーロッパ人との間に親族関係が有るはずもなく、呼びかける方法が皆無だからである。そのため彼らは、ヨーロッパ人に頼んで仮の名前を付けてもらう。通常、そうした名前は白い紙に書かれており、名前を尋ねられると、ただちにその紙を提示するのである。

ブリテッシュ・コロンビアのインディアンも、絶対に自分の名前を口にしないため、本人から名前を聞き出すことは永遠に不可能である。もっとも、仲間たちから聞き出すことは可能である。

アメリカのインディアンにとっても、名前は一種の聖なる存在であり、たやすく人に知られてはならないものである。

多くのブラックフット（アメリカ平原インディアンの一部族）の人々は、季節ごとに名前を変えねばならない。また、功を成し名を挙げた場合にも、改名することになっている。こうした改名の習俗は、文明社会においてもしばしば観察される所であって、たとえば「東坡居士（蘇軾）」、「半山（王安石）」などといった号をつけることは、中国社会では極めて当たり前のことである。居所を変えたり、新たに部屋を作ったり、また新たに何かを手に入れたりすると、そのたびに新たな号をつけることになっている。軍人が手柄を立てた場合などにも、皇帝は通常、姓や名を与えて、顕彰しようとした。

『水滸伝』に見える呼保義《こほぎ》（保義すなわち若旦那と呼ばれる男、宋江のこと）、智多星（知恵多き星、呉用のこと）、黒旋風（黒いつむじ風、李逵《りき》のこと）、さらには浪裏白條《ろうりはくじょう》（浪のなかの白い巨漢、張順のこと）、母大蟲《ぼだいちゅう》（メス虎、顧大嫂《こたいそう》のこと）、矮脚虎《あいきゃくこ》（短足の虎、王英のこと）などのあだ名も、やはりこうした古来よりの名前のタブーと関係がある。

イギリスがネパールを侵略したとき、ネパールの人々は、イギリス軍の将軍の名前を探り出して呪術をかけようとした。また、イギリスがインドを侵略した時には、レイク将軍は、何の苦労もなく奇妙なほど簡単に、ある都市を攻略することができた。後になって、彼の名は、土地の住民の言葉ではワニを意味し、この都市はワニに攻め取られるという予言が以前からあったため、抵抗をしなかったということが分かった。

このような例は、中国においても少なくなく、『水滸伝』冒頭の「洪《こう》に遇《あ》いて開《ひら》く（本書九三頁参照。宋の仁宗の時、天下に流行《はや》る悪疫を祓う祈禱をするようにとの勅命を、江西・龍虎山の嗣漢《しかん》天師に伝えに来た使者、洪大尉が、伏魔殿の中で発見した石碑の裏に書かれていた文字。この石碑の下の穴から噴出した黒煙が百八名の豪傑を誕生させることになる）」や「焼餅歌」（明の太祖・朱元璋の問いに答えて、その謀臣・劉基が作ったとされる予言歌。人名の一部を利用して将来の政治上の動乱を予言する形式をとっている。たとえば、宦官魏忠賢の跋扈は、「魏」の字を分解した「八千女鬼が政治秩序を混乱させる」と予言される）などといった類のものは、いずれも名前が持つ不可思議な力が悪い結果を引き起こすという観念を背景としている。

五　名前と霊魂

古代エジプト人は、壁や他の様々な所に自分の名前を書きつけたが、彼らの信ずるところでは、その名前が誰かに塗りつぶされたりなどすると、生き続けることができなくなるという。またエジプト人によれば、人間の霊魂はあわせて八つ有り、そのうちルーと呼ばれる八番目の霊魂が名前で、永遠に滅びることのない自己の一部である。名前がなくなれば、人は生存できないのである。

イギリスでよく歌われるフォークソングに、次のようなものがある。

君の名前はなんて言うの？

プディングといって優しい子だよ

もう一度聞いても、同じことを言うよ

名前を教えようとしないこの歌から、名前をタブーとする古い習慣が、今日の社会にも残っていることを知ることができる。

子供につける幼名を格別に重視する現象は世界各地で見られるが、その理由は、幼名は呪術の手段とされる可能性がとりわけ高いと考えられているからである。こうした観念は、時代を通じて極めて普遍的に見られ、子供が産まれると、盛大な命名式が行われる。プロテスタントやカトリックのキリスト教諸国では、洗礼を受けたときの名前こそが真の名、すなわち天上世界に「登録」された名である。したがって、命名以前の子供は、悪魔に盗まれてしまわぬよう異常なまで厳重に保護される。スコットランド人は、新生児を厳重に守るために、ベッドを覆う帳《とばり》の外側に漁網をつるして、悪魔の侵入を防ぐ。デンマーク人は同じ目的で、子供の回りに塩パンを並べる。さらに、洗礼名を隠して、悪魔の危害が及ばないようにするのである。

中国人は子供の無事成長を願って、「猪矢《ちょし》（豚の糞）」、「小狗（ちび犬）」など、故意に悪い意味の名前をつけることがよくある。この習俗は、中国の沿岸一帯、とりわけ福建省などで多く見られる。

また、我々は病気にかかると、霊魂が体から抜け落ちたとか、とくに子供の場合には、霊魂が道に迷ったとか見なし、そうした時には名前を呼べば、霊魂が戻ると信じている。名前を呼ぶと、霊魂がキリッと正気に戻って肉体に帰り、それによって病も癒えると考えられているのである。魂を肉体にもどすこうした返魂の術は、起源的には極めて古く遡る（『楚辞』の「大招」篇、「招魂」篇を参照）とともに、現代においても広く各地で行われている。漆黒の闇に包まれた冷たい夜の街に、提灯を提げ銅鑼《どら》を叩きながら、声を張り上げて、誰々よ、と名を呼ぶ光景は、痛ましくも真に迫る恐ろしさである

六　名前を改める

以上のように、名前には特別な意味が認められていた。それ故、名前を改めるということは、非常に重大なことであった。

『旧約聖書』創世記には、「汝の名は、もはやアブラムにあらず、アブラハムに改めるべし。我、す

でに汝を諸国の父にしたればなり」とあり、また「その人物が言うには、汝の名は、もはやヤコブと呼ばずして、イスラエルとなすべし。汝は一国の王にして、天上と地上世界の権力を手に入れ、しかも勝利することができたからである」とも記される。

中国の歴史においては、天文現象や讖緯《しんい》（予言や予兆）に対処するため、名前を改めることが非常に多く行われた。最も典型的な事例として、前漢末の劉歆《りゅうきん》が、「劉秀まさに天子とならんとす」という讖語（予言）を信じ、劉秀と改名したこと（『漢書』楚元王伝）を挙げることができる。

歴代帝王による改元も、やはりその目的は凶を避け吉を迎えることであった。彼らは、元号を改めさえすれば、それによって状況が一変すると真面目に考えていたのである。

古代中国の人々が、名を改めたり、字《あざな》をつける場合に示した慎重さは、『儀礼』士冠礼によって確認できる。そこには烏帽子親である「賓」が、冠礼を受ける少年に字を与える場面が描かれている。その際に告げられる「字辞（字を授ける言葉）」は、以下の如く極めて重々しい。

儀式の次第はすべて完了した。この良き月、良き日に、明らかに汝に字を授けよう。いま授ける字はこのうえなく素晴らしく、立派な一人前の士にふさわしい。この字にふさわしい人間になることを幸いとし、これを受けて永遠に保つように。

現代人も、「何年何月何日を期して、名を誰それに改める」という挙に出ることがある。かの銭玄同先生が、自らの姓を廃し、疑古玄同と名乗ったのは、その好例である。

七　名前のタブー

かつて未開社会において広く根強く見られた名前のタブーは、今なお様々な痕跡を頑強にとどめている。たとえば、妻の父母の名前を呼んではならない、といったような種々のタブーが存在する。インドでは、妻が夫の名を口にすることはなく、「彼」とか「うちの人」とか呼ぶ。中国人も大同小異で、妻は夫のことを「彼」と称し、子供がいれば、「誰々の父さん」と称する。逆にまた、夫も妻の名を決して口にすることはなく、まるで人に知られるのをはばかっているかのように、「内人」、「内子」、「賎内（愚妻）」、「家的（うちの）」と呼んだり、あるいはただ「彼女」と呼ぶ。

有名な「キューピッドとプシュケーの物語」（美貌の王女プシュケーは、目には見えない姿をした愛の神キューピッドと、名前を尋ねたり顔を見たがったりしないという条件の下で結婚生活をおくっていた。しかし、ある時、プシュケーは、キューピッドの正体を知ってしまい、両者は別離することになるが、様々な難題を解決して、最終的には再び結ばれるという物語）、あるいはワーグナーの歌劇「ローエングリン物語」（モンサルヴァルト山にある聖杯城の聖杯を守る騎士ローエングリンは、地主の娘エルザの身の潔白を晴らすため、代理として決闘を行い勝利する。代理に立つ条件は、勝利したら結婚すること、しかし、騎士の名前と素性は決して尋ねないことであった。ところが結婚後、エルザの好奇心と疑念に抗し切れず、ついに禁を破り名前と素性を明かしたため、騎士は、無実の者を救い邪悪をこらしめる力を失い、悲しむエルザを残し、白鳥に導かれて去っていくという物語）は、いずれも名前に関するタブーを犯すことよって引き起こされる悲劇をモチーフとしている。

こうした名前に関するタブーを理解すれば、本章で詳しく論じたように、主君や父親の名、あるいは神の名前が、敢えて口にされなかったのは当然のこととしなければならない。さらに、一、二の例を挙げるならば、セイロンでは、国王の名が水であれば、水を別の名称に変え、国王の名が刀であれば、刀を別の呼び方に変えなければならなかった。また、ある地方では、国王は即位すると、ただちに改名し、即位以前の名を口にした者は、有無を言わせず死刑にしたという。

以上に述べたことから、人類の遠い昔の未開性が、いまなお我々の社会に少なからず痕跡をとどめていることを理解できるであろう。かつて孔子が保存しようとしたものは、こうした類のものが少なくなかった。

（『公論叢書』二輯、一九三八年）

第五章　伐檀篇『詩経』に描かれた古代農民の生活

『詩経』魏風・伐檀《ばつだん》篇は、以下のように全体が三章からなり、各章は九句によって構成されている。

坎坎伐檀兮　　坎坎《かんかん》として檀《まゆみ》を伐《き》る
寘之河之干兮　　これを河の干《きし》に寘《お》く
河水清且漣猗　　河水清くして且つ漣猗《さざなみ》たつ
不稼不穡　　稼《か》せず穡《しょく》せざるに
胡取禾三百廛兮　　胡《なん》ぞ禾《か》を取ること三百廛《てん》ならんや
不狩不獵　　狩《かり》せず獵《りょう》せざるに
胡瞻爾庭有懸貆兮　　胡《なん》ぞ爾の庭に貆《むじな》を懸《か》くること有るを瞻《み》るや
彼君子兮　　彼の君子は
不素餐兮　　素餐《そさん》せず

坎坎伐輻兮　坎坎として輻《ふく》を伐《き》る
寘之河之側兮　これを河の側《ほとり》に寘《お》く
河水清且直猗　河水清くして且つ直猗《すぐなみ》たつ
不稼不穡　稼せず穡せざるに
胡取禾三百億兮　胡《なん》ぞ禾《か》を取ること三百億ならんや
不狩不獵　狩せず獵せざるに
胡瞻爾庭有懸特兮　胡《なん》ぞ爾の庭に特《えもの》を懸《か》くること有るを瞻《み》るや
彼君子兮　彼の君子は
不素餐兮　素餐せず

坎坎伐輪兮　坎坎として輪を伐《き》る
寘之河之漘兮　これを河の漘《ほとり》に寘《お》く
河水清且淪猗　河水清くして且つ淪猗《うずなみ》たつ
不稼不穡　稼せず穡せざるに
胡取禾三百囷兮　胡《なん》ぞ禾《か》を取ること三百囷《きん》ならんや
不狩不獵　狩せず獵せざるに

胡瞻爾庭有懸鶉兮　胡《なん》ぞ爾の庭に鶉《うずら》を懸くること有るを瞻《み》るや
彼君子兮　　　　　彼の君子は
不素餐兮　　　　　素餐せず

これほど明確で分かりやすい詩も、「毛詩序」の解釈にかかると、『伐檀』篇は、貪欲を誹《そし》っている。地位にある者が欲深く卑しく、功績もないのに俸禄を受けているため、君子は仕えることができない」などと、全く見当違いの解釈になってしまう。篇中の「君子」は明らかに、詩の作者が風刺している対象にほかならない。しかし「毛詩序」は、「君子は仕えることができない」などと、あたかもこの詩を作った人物こそ「君子」であるが如き理解をしている。「鄭箋」も、「毛詩序」をそのまま敷衍するだけで、なんら採るべき所がない。漢儒の経典理解が、盲従と因循に終始していたことが分かる。

朱子『詩集伝』巻五も、やはり「君子」の二字にこだわり、次のように強引な解釈を行っている。「ただし、君子の志としては、耕さぬ以上、収穫を手にすべきではないし、また狩猟に出ぬ以上、獲物を手に入れることはできない。だからこそ、窮乏や飢餓も甘んじて受け入れ、悔いることはない。詩の作者は、その点を褒めたたえ、かくなる人物こそ、真の意味で無為徒食を拒否することができる、としている。後世の徐穉《じょち》（潔癖で知られた後漢の清流人士）のような人々は、自分の労働によって獲得したものでなければ、口にしなかったが、思うに、彼らがその意気を高くし自らを律することは、この詩のようであったのであろう」、と。
しかし、この「君子」という語を、「地主」あるいは「宦紳《かんしん》（在地の有力者）」といった意味に理解しさえすれば、全篇の意味はまことによく通り、つかえる所はなくなる。この篇に登場する君子は、完全に風刺の意を込めて用いられており、決して後世における「君子」の意味ではない。ここで、現代語に訳しておこう。

坎坎と力をこめて檀《まゆみ》の樹を切る
切り倒して河の岸に運ぶ
河の水はこの上なく清く、一陣の風によりキラキラとさざ波がたつ
あの地主は耕しもせず、穫り入れもしないのに
何故、我々の穀物を奪い、三百もの部屋がある藏を満たすことができるのか
あの地主は狩もせず、猟もしないのに
何故、庭には獲物のムジナが懸かっているのか
あの地主め
肉を食らわずにはいられないのだ

坎坎と力をこめて木を削り、車輪の輻（スポーク）をつくる

つくり終えたら河のほとりに置いておく
河の水はこの上なく清く、一陣の風により真っ直ぐな波がたつ
あの地主は耕しもせず、穫り入れもしないのに
何故、我々の三千万（古代では一〇万を億という）もの稲束を奪うことができるのか
あの地主は狩もせず、猟もしないのに
何故、庭には獲物の野獣が懸かっているのか
あの地主め
肉を食らわずにはいられないのだ

坎坎と力をこめて切り削り車輪をつくる
つくり終えたら河のほとりに置いておく
河の水はこの上なく清く、一陣の風により円い波がうずを巻く
あの地主は耕しもせず、穫り入れもしないのに
何故、我々の穀物を奪い、三百もの米倉に積み上げることができるのか
あの地主は狩もせず、猟もしないのに
何故、庭には獲物のウズラが懸かっているのか

あの地主め
肉を食らわずにはいられないのだ

これでもなお、不明確だと言うのだろうか。曹粋中《そうすいちゅう》（南宋の経学者）は、「檀の木は固くて弾力があるため、伐採の音は、カーンカーン（坎坎）と聞こえ、簡単に伐れる時のチョウチョウ（丁丁）という音（小雅・伐木）とは異なる」と述べている（厳粲《げんさん》『詩緝《しゅう》』巻一〇所引）が、まことにその通りである。スポークや車輪は木質が固く弾力のある檀の木で作る必要がある。そのため農民は、力を入れて伐り、削っている。川辺でこの作業をしながら、川面に目をやり、地主の贅沢ぶりを思うと、心穏やかではいられない。あいつは、どうして耕しも収穫もせず、数百もの倉を満たす米を自分のものとすることができるのか。白い飯を食うのは許すとしても、それだけでは足りず、ムジナを食らい、野獣を食らい、ウズラを食らいたがる。しかも、そのすべてが、自分で狩りをして手に入れたものではない。いったい何故あいつには、これほどの贅沢ができるのか。世の中は、これほど不平等であってよいのか。心穏やかならざる彼は、非難し、口を尖らせて誹っているのである。

このように、この詩は支配者を風刺する農民詩の傑作であり、いかにこじつけようとも「君子は仕えることができない」などといった方向の理解はできない。

同じ『詩経』の「豳風《ひんぷう》」には「七月」なる詩が見え、これまた絶妙の農民歌である。その第三章、四章には、次のようにあり、そのまま、右の「伐檀」の注釈として読むことができる。

七月流火
八月萑葦
蠶月條桑
取彼斧斨
以伐遠揚
猗彼女桑
七月鳴鵙
八月載績
載玄載黄
我朱孔陽
為公子裳

四月秀葽
五月鳴蜩
八月其穫
十月隕蘀

七月には流火あり
八月には萑葦《かんい》あり
蠶月《さんげつ》、桑を條《じょう》す
彼の斧斨《ふそう》を取り
以て遠揚《えんよう》を伐《き》る
彼の女桑《じょそう》を猗《たば》ね
七月に鳴鵙《めいげつ》あり
八月に載《すなわ》ち績《つむ》ぎ
載《すなわ》ち玄、載ち黄
我が朱は孔《はなは》だ陽《あきらか》なり
公子の裳《しょう》を為《つく》らん

四月には秀葽《しゅうよう》あり
五月には鳴蜩《めいちょう》あり
八月には其れ穫《かく》し
十月には蘀《たく》を隕《お》とす

一之日于貉　一之日、于《ゆ》きて貉《むじな》とり
取彼狐狸　彼の狐狸《きつね》を取り
為公子裘　公子の裘《きゅう》を為《つく》らん
二之日其同　二之日、其れ同じくせん
載纘武功　載《すなわ》ち武功を纘《つ》ぎ
言私其豵　言《ここ》に其の豵《そう》を私《わたくし》し
献豜于公　豜《けん》を公に献ぜん

ここに引いた二章は、やや理解しがたい所もあるが、以下の如く現代語訳できよう。

七月の夜、天空を見上げると星が流れる
八月は葭《よし》や葦《あし》の穂で、あたり一面は真っ白
この月は、カイコの世話がずっと気にかかる
桑の葉を枝ごと採り
長く伸びた枝は、斧で切りはらう
若い桑の葉を摘む時には、小枝は残す
七月は、もずが鳴くころ
八月は、麻を刈って布地を織る

黒く染める者や、黄色に染める者もいるが
私の染めた紅色こそ、この上なくあでやか
織って、染めて、公子の着る衣裳をつくりましょう

四月には遠枝（ひめはぎ）が実を結び
五月にはセミがなく
八月には穀物を穫り入れ
十月になると、草木の葉が色づき落ちる
最初の日には、貉《むじな》とる
狐の狩りに出かけ
獲物の皮で公子の着る裘《きゅう》（皮ごろも）を作る
二日目も、また同じように
お上のために狩りに出る
獲物のなかで小さな猪は自分に残し
大きな猪は、お上に献上するのだ

（なお、流火の語は解釈が極めて困難である。「毛伝」は「火は、大火（さそり座のアンタレスを中心

とする三星）のことであり、流は下るという意味である」とし、「鄭箋」には「大火は、寒暑の区切りを示す星である。この星が南中したり、東方に見え始めたりすると、寒暑がそれぞれ退く。それ故、寒に向かうことを言うために、まずこの星の位置に言及している」とある。また朱子『詩集伝』巻八は、「流は下るの意。火は大火の心星（中央の星）を指す。六月の黄昏時に南中するが、七月の黄昏には、下って西に流れる」としているが、いずれも今ひとつ要領を得ない。よって、ここでは、単純に流れ星と理解しておく）

この詩に見える「公子」は、先の「伐檀」篇に見える「君子」にあたり、実際には地主、田主、あるいは公、侯、大夫などの封地所有者を意味する。農民達は、辛苦を重ねて蠶《かいこ》を飼い、麻を刈り入れ、絹や麻の布地を織り、美しい色に染め上げる。しかし、結局それらを使って地主達の衣裳を作ることになってしまうのだ。地主は、農民が収穫した穀物ばかりか、それ以外の生産物までも奪い取る。さらに、そのうえ十月ともなると、地主のために狩りに出かけ、狐を捉え、猪を捕獲しなければならない。その時も自分のためには小さな獲物を残すだけ。大きな獲物は、やはり差し出さねばならない。この詩は、まさに「伐檀」篇に見える「あの地主は狩もせず猟もしないのに、何故、庭には獲物のムジナが懸かっているのか」という怒りの言葉についての解説となっている。地主の庭にぶら下がる野獣は、農民達が献上したものだったのである。

当時において、農民達は必ずしも奴隷などというような存在ではなかったが、彼らは田主や地主、公、侯、大夫などの土地を耕し、搾取され尽くしていたということを、以上の二篇の詩から読み取ることができる。きまり通りに穀物を納める以外に、絹織物や麻布といった、穀物以外の生産物までも献上しなければならなかった。さらに、農閑期の冬には、地主のために狩りに出かけ、狐をつかまえて、地主の皮ごろもを作ったり、猪を狩って地主の食糧としたりしなければならなかった。彼らの負担は幾重にも重なり、全く息を継ぐこともできなかった。名目的には、おそらく自由な人々であったのであろうが、実際には、経済上の奴隷にほかならなかった。土地に縛られていた彼らには、逃れる手だても、逃げ込む場所もなかったのである。

『詩経』魏風には、さらに以下のような「碩鼠《せきそ》」篇が見られる。

碩鼠碩鼠　　碩鼠《せきそ》、碩鼠
無食我黍　　我が黍《きび》を食らうなかれ
三歳貫女　　三歳、女《なんじ》に貫《つか》うるも
莫我肯顧　　我を肯《あ》えて顧みるなし
逝将去女　　逝《ゆ》いて将《まさ》に女《なんじ》を去り
適彼楽土　　彼の楽土に適《ゆ》かんとす
楽土楽土　　楽土、楽土
爰得我所　　爰《ここ》に我が所を得ん

碩鼠碩鼠
無食我麥
三歳貫女
莫我肯徳
逝将去女
適彼楽国
楽国楽国
爰得我直

碩鼠碩鼠
無食我苗
三歳貫女
莫我肯労
逝将去女
適彼楽郊
楽郊楽郊

碩鼠《せきそ》、碩鼠
我が麦《むぎ》を食らうなかれ
三歳、女《なんじ》に貫《つか》うるも
我に肯《あ》えて徳あるなし
逝《ゆ》いて将《まさ》に女《なんじ》を去り
彼の楽国に適《ゆ》かんとす
楽国、楽国
爰《ここ》に我が直《ちょく》を得ん

碩鼠《せきそ》、碩鼠
我が苗を食らうなかれ
三歳、女《なんじ》に貫《つか》うるも
我を肯《あ》えて労《いたわ》るなし
逝《ゆ》いて将に《まさに》女《なんじ》を去り
彼の楽郊に適《ゆ》かんとす
楽郊、楽郊

誰之永号　　誰かこれを永く号《さけ》ばん

現代語訳すれば、次のようになろう。

大ネズミ、大ネズミ
これ以上、我の黍《きび》を食らうな
汝の土地を三年も耕したというのに
我が苦労を気にかけてくれることなど一度もなかった
いざ、汝のもとを離れ
別の場所に楽土を求めん
ああ楽土、かの楽土に行けば
落ち着くことができ、搾取を受けることもないのだ

大ネズミ、大ネズミ
これ以上、我の麦を食らうな
汝の土地を三年も耕したというのに
真面目な働きぶりを認めてくれることなど一度もなかった
いざ、汝のもとを離れ

別の場所に楽土を求めん
ああ楽土、かの楽土に行けば
仕事に見合った扱いを受けられるのだ

大ネズミ、大ネズミ
この上さらに、稲の苗までも食らおうなどと思うな
汝の土地を三年も耕したというのに
働き者だと認めてくれることなど一度もなかった
いざ、汝のもとを離れ
別の場所に楽土を求めん
ああ楽土、かの楽土に行ったなら
誰が好きこのんで、もう一度、汝の土地で嘆き悲しみ大きなため息をつくものか

これは、全く痛罵していると言うべきであり、田主は大ネズミ、つまり穀物を盗み取る卑怯な獣にたとえられている。農民は、今いる所を離れ、別の地に楽土を求めようとしている。そこでは、必ずや勤勉や苦労が気にかけられ、この地と同じような搾取を受けることなど絶対になく、嘆き悲しみ恨み言ばかり口にする必要もなくなるのだ。

この詩により、当時の農民は確かに比較的、自由であったことが分かる。ある土地で耕作することが嫌になれば、いくらでも自由に別の場所に行くことができた。彼らには楽土幻想があり、その地には、大ネズミのような田主はおらず、搾取もなく、恨んだり嘆いたりする必要もない。しかし果たして、そのような楽土が存在したのであろうか。当時、本当にそのような浮き世離れした桃源郷があったのであろうか。

この世の烏がみんな真っ黒なように、おそらく田主はどこにいっても、良くない人間ばかりであろう。農民達が、どれほど自由を望み、楽土にあこがれようとも、逃れることはできない。経済という目に見えぬ手枷足枷《てかせあしかせ》で土地に縛り付けられている彼らが、自由であるはずなどない。どこへ行こうと同じである。初期封建時代の農業社会においては、彼らがあこがれた「落ち着くことができ」、「仕事に見合った扱いを受けられる」楽土など根本的に存在するはずがないのである。

彼らは永遠に、封建地主にあれこれと搾取され、様々にかすめ取られるという状況の中で生活し、永遠に土地に縛り付けられた奴隷であった。来る年も来る年も、家族みんなが苦労して働いても、穀物から、それ以外の生産物、さらには農閑期の狩りの獲物に至るまで、収穫の大部分は、「耕しもせず、穫り入れもしない」、「狩もせず猟もしない」田主に、献上しなければならないのだ。自分達に残すことができるのは、ほんのわずかにすぎない。どうにか餓え凍えることなく生きていけるだけで、食い扶持があまり、余財が残ったりするなど永遠にありえない。

このように苦しみに満ち、心安まらぬ農民生活、すなわち当時の農民達の一般的な生活状況を、最も詳細に描写していると言えるのが、すでにその一部を引用した『詩経』豳風・七月篇である。以下、一章から順に読み進めていこう。

七月流火　　七月には流火あり
九月授衣　　九月には衣を授く
一之日觱発　　一の日は觱発《ひつはつ》たり
二之日栗烈　　二の日は栗烈《りつれつ》たり
無衣無褐　　衣なく褐《かつ》なくんば
何以卒歳　　何を以て歳を卒《お》えん
三之日于耜　　三の日は、于《ここ》に耜《し》し
四之日挙趾　　四の日は、趾《あし》を挙ぐ
同我婦子　　我が婦子《ふし》と同《とも》に
饁彼南畝　　彼の南畝《なんぽ》に饁《かれい》す
田畯至喜　　田畯《でんしゅん》至りて喜ぶ

七月の夜は、見上げると夜空に星が流れる。もう秋になったのだ

九月になると防寒用の着物を準備しなければならない
月の一日を過ぎれば、寒風が冷たく吹きすさぶ
二日を過ぎると、ぐんと冷え込む
冬服も毛皮の上着も、あったためしがない
どうして年を越せようか
春になったら、最初の日にスキの手入れをしよう
次の日に、田畑へでかけよう
妻や子供達と、弁当をもって南の田畑へでかけよう
なんと楽しいことか（以上、一章）

七月流火　　七月には流火あり
九月授衣　　九月には衣を授く
春日載陽　　春日、載《すなわ》ち陽《うらら》かに
有鳴倉庚　　鳴く倉庚《そうこう》あり
女執懿筐　　女は懿筐《いきょう》を執り
遵彼微行　　彼の微行《びこう》（小さな道）に遵《したが》い

爰求柔桑　　爰《ここ》に柔桑を求む
春日遅遅　　春日、遅遅《ちち》たり
采蘩祁祁　　蘩《よもぎ》を采《と》ること祁祁《きき》（大量）たり
女心傷悲　　女心、傷《いた》み悲しむ
殆及公子同帰　公子と同《とも》に帰《き》せんことを殆《おそれ》る

七月の夜は、見上げると夜空に星が流れる。もう秋になったのだ
九月になると防寒用の着物を準備しなければならない
春の日を思う。太陽はうららかに光をそそぎ
ウグイスが鳴く
娘達は、細かく編まれた竹カゴを手に提げ
小さな道を歩み
柔らかな桑の葉をつむ
どうして春はかくもゆっくりとやってくるのか
たくさんの白いヨモギをつむばかり
彼女の心は傷み悲しむ

もうすぐ公子と一緒に彼の家に行かなければならない（以上、二章）

第三、四章については、すでに述べた。五章以降は、以下のように続く。

五月斯螽動股　　五月、斯螽《ししゅう》（イナゴ）、股《こ》を動かす

六月莎鶏振羽　　六月、莎鶏《さけい》（クツワムシ）、羽を振るう

七月在野　　七月、野に在り

八月在宇　　八月、宇《う》に在り

九月在戸　　九月、戸に在り

十月蟋蟀入我牀下　　十月、蟋蟀《しつしゅつ》（コオロギ）、我が牀下《しょうか》に入る

穹窒熏鼠　　穹《きゅうちつ》窒して鼠を熏《くす》べ

塞向墐戸　　向《まど》を塞《ふさ》ぎ戸を墐《ぬ》る

嗟我婦子　　嗟《ああ》、我が婦子

曰為改歳　　曰《ここ》に改歳たり

入此室処　　此の室に入りて処《お》れ

五月には、蟋蟀《こおろぎ》（他の昆虫を含む総称）が飛び跳ね

六月には、羽を振るわせてチィチィ鳴く

七月には、田圃や野原にいるが
八月になると、軒下にかくれ
九月には扉《とびら》のかげに潜《ひそ》み
十月には、我がベットの下に潜《もぐ》り込む
寒くなったこの時、家中を見回して隙間に目張りし、鼠を燻《いぶ》りだす
北向きの窓をふさぎ、竹で編んだ扉は、泥を塗りこめて編み目を埋める
ああ、我が妻よ、子よ
もうすぐ年越しだ
手入れの終わったこの家で、ゆっくり過ごそう（以上、五章）

六月食鬱及薁　六月、鬱《うつ》及び薁《いく》を食らう
七月亨葵及菽　七月、葵《き》及び菽《しゆく》を亨《に》る
八月剝棗　八月、棗《なつめ》を剝《う》ち
十月穫稲　十月、稲を穫る
為此春酒　此の春酒を為《つく》り
以介眉寿　以て眉寿《びじゆ》を介《たす》け

七月食瓜　七月、瓜《うり》を食らい
八月断壺　八月、壺《ひさご》を断《た》つ
九月叔苴　九月、苴《あさのみ》を叔《ひろ》い
采荼薪樗　荼《にがな》を采《と》り樗《おうち》を薪《たきぎ》とす
食我農夫　我が農夫を食《やし》なう

六月には、庭梅の実が熟して食べごろになる
七月は、葵《き》の菜《な》と豆を煮て食べる
八月には、棗が熟して、簡単にたたき落とせる
十月には、田の稲が実り、収穫できる
その米で酒を醸《かも》せば、春になってできあがる
老人がたの食事に興を添えよう
七月には、瓜のなかまを食らい
八月には、ひねた瓜を採ってひさごを造る
九月には、麻の実拾いが、欠かせぬ仕事
それから、にがなを摘んで食べ、樗《おうち》を伐って薪にする

我ら百姓が口にするのは、こんなもの（以上、六章）

九月築場圃　九月、場圃《じょうほ》を築《きず》き
十月納禾稼　十月、禾稼《かか》を納《おさ》む
黍稷重穋　黍稷《しょしょく》重穋《ちょうりく》あり
禾麻菽麦　禾《か》麻菽《ましゃく》麦《ばく》あり
嗟我農夫　嗟《ああ》、我が農夫
我稼既同　我が稼《か》、既《すで》に同《あつ》まる
上入執宮功　上入《じょうにゅう》して宮功《きゅうこう》を執《と》る
昼爾于茅　昼は爾《なんじ》、于《ゆ》きて茅《かや》かり
宵爾索綯　宵は爾《なんじ》、索綯《なわな》う
亟其乗屋　亟《すみや》かに其れ屋《やね》に乗れ
其始播百穀　其れ百穀を播《ま》くこと始まらん

九月には、脱穀場と農園を作るのが仕事
十月には、穫り入れた穀物を倉におさめることができる

収穫の、なんと多いことか。もちきび、うるちきび、わせの稲におくての稲
麻、まめ、麦もある
ああ、我ら野に耕す民人《たみびと》よ
穫り入れが終われば
次の仕事は、田主の屋敷の屋根に登って、雨漏り直し
昼には、出かけて茅《かや》を刈り
夜には夜で、縄をなう
急いで屋根に登って、直してしまえ
またすぐに種まきの季節がやってくる（以上、七章）

二之日鑿氷沖沖　二の日、氷を鑿《うが》つこと沖沖《ちゅうちゅう》たり
三之日納于凌陰　三の日、凌陰《りょういん》に納《い》れ
四之日其蚤　　　四の日、其れ蚤《はや》く
献羔祭韭　　　　羔《こひつじ》を献じ韭《にら》を祭る
九月粛霜　　　　九月、粛霜《しゅくそう》あり
十月滌場　　　　十月、場を滌《きよ》む

朋酒斯饗　　朋《とも》と酒のみ、斯《ここ》に饗《きょう》し
曰殺羔羊　　曰く、羔羊《こうよう》を殺せるかと
躋彼公堂　　彼の公堂に躋《のぼ》り
称彼兕觥　　彼の兕觥《じこう》を称《あ》げ
万寿無疆　　万寿無疆なれ

月の二日目、チョンチョンと音を立て、川の中の氷を切り出し
月の三日目、それを氷室に納め
月の四日目、早起きをして
田主の屋敷に、子羊とお供えの韮《にら》を献ずる
九月になると、もう霜が降りる
十月には、脱穀場を掃除して
みなの衆と酒を飲む
子羊は殺しただろうな、とみなが言う
だが、田主の屋敷の大広間にかけつけて
大きな酒杯をささげ持ち

彼の長寿無窮を祈らにゃならんのだ（以上、八章）

このように「七月」篇を細かく見てみると、詩の形式でつづられたこの「農業暦」からは、農民達の辛苦に満ちた生活を一年を通して読み取ることができ、その全篇が嘆きの声で埋め尽くされている。年がら年中、懸命に働いているというのに、それでも、田主のために精を出していないというのか。田主の屋敷の雨漏りまでも、出かけていって直さねばならない。

おそらく、この詩は経験豊かな老農夫の手になったものであろう。そうでなければ、当時の農民の一年間の暦とその生活を、これほど詳細には描き出せない。この詩が作られたのは、おそらく七月の夜だろう。星が流れて天空を横切るのを目で追いながら、一年の苦しみを思い起こし、この詩を詠んだのだろう。だからこそ初めの三章は、同じように「七月流火」の句を出だしとするのである。彼の胸の内には、不満が、たまりにたまっていた。家族を想い、里の隣人達を想い、同じ境遇の農民達のことを想うとき、不満がたまらぬはずはない。悲しみの声を挙げて泣く隣の娘を見れば、田主のところへ奉公に上がらねばならぬため、と思われる。当時、農家の娘達は、田主の「所望するぞ」との一声だけで、奉公に上がらせられることになっていたのだろう。まったく農奴の生活そのものである。

「七月」について、これまでの『詩経』注釈者のほとんどは、周公の作であると見なしてきた。たとえば、朱子『詩集伝』巻八は、「即位した成王は、未だ幼く、天子の任に堪えなかった。そこで周公旦が太宰（政務を総理する官）として摂政の役目を果たすこととなり、后稷《こうしょく》や公劉《こうりゅう》など古の先王による教化について述べ、詩を作って、成王を教戒しようとした。それが豳風《ひんぷう》の詩である」と述べている。こうした見方を前提としているため、朱子は全篇にわたり、「風俗のすばらしさ」、「敢えて君主を忘れようとはしない」などの語を用いて解釈している。いったい、どこから、このような解釈ができるというのか。明らかに農民が不満を訴えている詩が、先王の功績や徳行を褒めたたえる詩であると誤解されてしまったのである。

　また、この詩に見える「一之日」、「二之日」、「三之日」、「四之日」について、注釈者達は、それぞれ周暦の「一月」、「二月」、「三月」、「四月」としているが、これも極めて理解しがたい。「一之日」、「二之日」は、たんに月の一日、二日を指しているに過ぎない。そうでなければ、「二の日、氷を鑿《うが》つこと沖沖《ちゅうちゅう》たり、三の日、凌陰《りょういん》に納《い》れ」は、どのように解釈するのか。二月に切り出した氷の塊を、三月になってようやく氷室に収納する、そんな理屈がありえようか。同様に、「一の日は觱発《ひっぱつ》たり、二の日は栗烈《りつれつ》たり」は、「月の一日が過ぎれば、寒風が冷たく吹きすさび、二日には、ぐんと冷え込む」と解するべきであり、これを「正月には、北風が冷たく吹き、二月になって、ようやくぐんと冷え込む」などと理解できるはずがない。

『詩経』小雅・甫田《ほでん》之什にも、やはり農民生活を描写した「大田」なる一篇がおさめられている。

　大田多稼　　大田は稼《か》多し
既種既戒　　既に種《しゅ》し既に戒《いまし》め

既備乃事
以我覃耜
俶載南畝
播厥百穀
既庭且碩
曽孫是若

既方既皁
既堅既好
不稂不莠
去其螟螣
及其蟊賊
無害我田穉
田祖有神
秉畀炎火

既に備え乃ち事《こと》す
我が覃耜《えんし》（鋭いスキ）を以て
俶《はじ》めて南畝に載《ゆ》く
厥《そ》の百穀を播《ま》き
既に庭《てい》（直）なり且つ碩《せき》（大）なり
曽孫に是れ若《した》がう

既に方《ほう》し既に皁《そう》し（房をつけ実を結び）
既に堅《かた》まり既に好《よ》し
稂《ろう》（イヌアワ）あらず莠《ゆう》（ハグサ）あらず
其の螟螣《めいとく》（クサムシ）および
其の蟊賊《ぼうぞく》（イナゴ）を去り
我が田の穉《ち》（若い苗）を害するなからしむ
田祖、神《しん》ありて
秉《と》りて炎火に畀《な》げたまえり

有渰萋萋　渰《えん》あり萋萋《せいせい》たり（黒い雲が一面に広がり）
興雨祁祁　雨を興すこと祁祁《きき》たり
雨我公田　我が公田に雨ふり
遂及我私　遂に我が私に及び
彼有不穫穉　彼に穫《と》らざる穉《ち》あり
此有不斂穧　此に斂《おさ》めざる穧《せい》あり
彼有遺秉　彼に遺《す》てし秉《へい》あり
此有滞穂　此に滞《お》とせし穂《すい》あり
伊寡婦之利　伊《こ》れ寡婦の利なり

曾孫来止　曾孫、来たる
以其婦子　其の婦子を以て
饁彼南畝　彼の南畝に饁《かれい》せしむ
田畯至喜　田畯《でんしゅん》、至り喜び
来方禋祀　来方《らいほう》に禋祀《えんし》す（通常は「来るや方《まさ》に禋祀す」と読む）
以其騂黒　其の騂《せい》と黒《こく》（赤牛と黒牛）とを以て

与其黍稷　　其の黍稷《しょしょく》を与《そな》え
以享以祀　　以て享《きょう》し以て祀《まつ》り
以介景福　　以て景福を介《もと》む

この詩について、「毛詩序」には、「幽王を誹っているのである。配偶者のいない男や女が一人では生活していけないということを指摘している」とあるが、一体どう理解すれば、そのような解釈になるのか。この詩には、「誹る」などというニュアンスは微塵《みじん》もない。ただ農民が神を祀る様子を謡っているだけのようである。ここで言う「曽孫」は、おそらく田主を指している。収穫が終わってみると、大変な大豊作であったため、祖先を祀って感謝の気持ちを示しているのである。耕し、種をまき、収穫するまでの手順や状況を思い出しながら謡っており、当時の農村の生活の様子を目の当たりにすることができる。ただし、やはり非常に理解が難しい詩である。以下に現代語訳を試みてみよう。

広々としたこの田畑は、収穫がすこぶる多い
種を選んだら、農具の手入れ
用意はすべて整った
研《と》ぎあげたこのスキを手にとって
南の田畑にでかけよう
穀物の種をたくさん播くと

すくすくと伸びる苗は真っ直ぐで立派だ
田主さまの御心に、なんとよくかなうことだろう

稲はもう穂を出し、実を結び始めた
この様子なら、中味のつまった大きな実になろう
邪魔になるイヌアワもないし、雑草もない
イナゴのような害虫は
どれもこれも、すべて駆除した
我が田の若苗は食らわせぬ
天上におわす田の神も、霊験あらたか
害虫どもを火にくべて、焼き殺してくだされた

空一面をおおう黒く厚い雲
シトシトと降り続き止まぬ雨
この雨で公田は十分に潤う
我が田にも水はまわった

この雨が、我ら百姓に豊作をもたらす
あそこには刈り残した小さな稲穂
ここにも取り忘れた稲束
あそこには棄てられた稲束
ここにも落ち穂がいっぱい
すべて、村の寡婦達が拾うためのもの
田主さまが見分にお出ましだ
折りよく、女子供達は飯を手にして
南の田畑で刈り入れする男どもに運ぶ
心のうちはおお喜び
つつしんで四方の神々に感謝の祀りをささげねばならぬ
赤牛と黒牛を生け贄にして
穫れたてのもちきびやうるちきびも供えよう
こうして田の神を祀り
幸《さいわ》い多かれと祈ろう

この詩で最も注意すべきは、「我が公田に雨ふり、遂に我が私に及び」、ならびに「彼に穫らざる穉《ち》あり、……伊《こ》れ寡婦の利なり」という部分である。前者については、この場合の「公田」が、井田制度の公田を指しているのか否か、さらに古代に果たして「公田」制度があったのかどうか、こうした問題に関する詳しい検討が必要である。また後者については、古代において、寡婦というのは、村落をあげ、みなで憐れみ救うべき対象であったらしい。それ故、収穫の時、田畑に残された穀物は、すべて彼女たちのものとなったのである。

同じく『詩経』小雅・甫田《ほでん》之什の「甫田」なる詩は、おそらく種まきの時に神を祀るための詩であろう。したがって、様々な願望が述べられ、神がその力を発揮し、豊作をもたらして、田主が千の倉、万の車いっぱいの穀物を収穫できるよう祈り求めている。

倬彼甫田　倬《たく》たる彼の甫田《ほでん》
歳取十千　歳《とし》に十千を取る
我取其陳　我、其の陳《ちん》を取り
食我農人　我が農人を食《は》ましむ
自古有年　自《おのずか》ら古きこと年《とし》あり（通常は「古より年《みのり》あり」と読む）
今適南畝　今、南畝に適《ゆ》き
或耘或耔　或は耘《うん》し或は耔《し》す
黍稷薿薿　黍稷、薿薿《ぎぎ》たり（うっそうと茂る）

攸介攸止
烝我髦士

以我斉明
与我犠羊
以社以方
我田既臧
農夫之慶
琴瑟撃鼓
以御田祖
以祈甘雨
以介我黍稷
以穀我士女

曽孫来止
以其婦子

介《かい》（大）にして、止《こ》えたり（通常は「介る攸《やど ところ》、止《とど》まる攸《ところ》」と読む）
我が髦士《ぼうし》に烝《すす》めん

我が斉明《せいめい》と
我が犠羊《ぎよう》とを以て
以て社《しゃ》し以て方《ほう》せん
我が田、既に臧《よ》し
農夫の慶《よろこび》なり
琴瑟《きんしつ》し、鼓を撃ち
以て田祖を御《むか》え
以て甘雨を祈り
以て我が黍稷《しょしょく》を介《おお》いにす
以て我が士女を穀《やしな》わん

曽孫、来たる
其の婦子を以てし

饁彼南畝
田畯至喜
攘其左右
嘗其旨否
禾易長畝
終善且有
曽孫不怒
農夫克敏

曽孫之稼
如茨如梁
曽孫之庾
如坻如京
乃求千斯倉
乃求万斯箱
黍稷稲粱

彼の南畝に饁《かれい》せしむ
田畯《でんしゅん》、至り喜び
其の左右に攘《と》りて
其の旨《うま》きか否《いな》かを嘗《な》む
禾《か》、易《おさ》まり、畝《うね》に長《そだ》てり
終《つい》に善《よ》く且つ有《おお》し
曽孫、怒らず
農夫、克《よ》く敏《つと》むる

曽孫の稼《か》は
茨《し》の如し梁《りょう》の如し
曽孫の庾《ゆ》は
坻《しま》の如し京《おか》の如し
乃ち千斯《せんし》の倉を求め
乃ち万斯《ばんし》の箱を求む
黍稷稲粱は

農夫之慶　　農夫の慶《けい》なり
報以介福　　報《むく》いるに介福《かいふく》を以てし
万寿無疆　　万寿無疆ならん

詩の意味を明確にするため、やはり以下に現代語訳を試みる。
広漠たるあの田畑は、太陽に照らされ光輝く
一年で、一万斛（石）の穀物を田主に納めねばならない
毎年、豊作だというのに
我々百姓が日々、口にするのは
去年の古い穀物だ
さあ、南の田畑へ行こう
雑草をとり、肥料を播く
穀物の苗は、すくすくと生えそろい密に茂る
大きく、豊かに育っている
ゆくゆくは冬の祭りで立派な士大夫がたに供することになるのだ

我が穀物と

生け贄の羊を以て
四方の神と后土（大地）の神を祀ろう
農事は、全てうまくいった
これこそ、我ら百姓のよろこび
さあ琴瑟をかなで、土鼓を撃ち
田の神を迎えよう
慈雨をお恵みくださいますように
穀物を大きく育ててくださいますように
家中を食わせていただけますように、と祈り願う

田主さまが見分にお出ましだ
折りよく、女子供達は飯を手にして
南の田畑で刈り入れする男どもに運ぶ
心のうちはおお喜び
しかし、田主は食べ物カゴを奪いとり
ひとカゴひとカゴ食べてみて、美味いか不味いか味見する

稲の手入れは行き届き、かくもきれいに生えそろい
一面の緑が波を打つ
きっと大きく立派に育ち、大豊作になるだろう
田主さまも、御覧になれば、御納得
百姓は、これほど懸命に忙しく働くのだ

なにとぞ、田主さまの稲が
連なる家並みのようにひしめき、アーチ橋のように幾重にもこんもり高くなりますように
なにとぞ、露天に積まれた田主さまの穀物が
島のようにうず高く、丘のように盛り上がりますように
そのうえさらに、千の倉を満たし
万の車をいっぱいにできますように
あれほど多くのもちきびに、うるちきび、稲に、あわを植えたのは
ほかでもない、我ら百姓の働きだ
ご褒美に大いなる福をたまわるならば
彼らの「長寿無窮」を祈りましょう

神を祀るこの歌においても、やはり農民達は、田主に対する嘲笑と不満を詠み込んでいる。「田主は食べ物カゴを奪いとり、ひとカゴひとカゴ食べてみて、美味いか不味いか味見する」。なんと軽はずみで、強引な態度であろうか。また「田主さまも、御覧になれば、御納得」などという豊作は、簡単には望めなかったはずである。おそらく田主が、田畑を見回り、作物の出来が良くないと、すぐに怒って罵り、責めるのが常であったのであろう。

以上に引用した甫田之什の二篇の詩に見える「田畯《でんしゅん》、至り喜び」（本書一九二、一九八頁）という句は、「（我ら百姓の）心のうちはおお喜び」と訳し、「曽孫」（一九一、一九二、一九七、一九八頁）については、「田主」の訳語をあてた。こうした解釈に対して、疑問を抱かれた読者も少なくないだろう。まず、「田畯」について言えば、伝統的には、勧農を職務とする「農業管理の官」と解釈されている。しかし、これらの詩のなかに、何故、「農業管理の官」が唐突に出現しうるのか、まったく説明することができない。「畯」には、「寒畯《かんしゅん》（いなか者、微賎で農耕をする者の意）」という常用語に見られるように、「微賎な者の呼び名」というもう一つの字義がある。とするならば、「田畯」が指しているのは、田にいる微賎な者、まさに農民自身なのである。ここで喜んでいるのは、農民であり、「農業管理の官」などであるはずがない。

では、「曽孫」を、何故「田主」と解釈することができるのか。まず第一に、文脈から考えて、必然的に「田主」を指していなければならない。次に、当時の社会構造に照らして考えると、「曽孫」

なる語は一般に統治階級を指す。朱子『詩集伝』巻一三も、周の武王が名山大川に祈った時、「有道の曽孫、周王発」(『尚書』武成)と自称したこと、さらに諸侯が祭祀を行う場合、「外事」すなわち天地山川の神に対しては「曽孫某、侯某」(『礼記』曲礼下)と自称したことを挙げている。こうした用例から、「曽孫」が一般民衆の自称でなかったことは明らかであろう。

『詩経』は、いわば無尽蔵の宝庫であり、『旧約聖書』雅歌《がか》(一名は、ソロモンの歌。神が登場しない恋愛叙情詩集。風俗習慣にかかわる描写が多い)とならび、人類にとって永遠の珠玉である。我々はそこから、古代社会の生活状況を「発掘」することができる。とりわけ農民生活についての描写は、他の書物では決して得ることができない。この古代詩歌の総集には、文学や歴史についての貴重な資料が極めて豊かに含まれているのである。

本章で私が試みた解釈には、あるいは強引な所が有るのかも知れない。しかし、それが古代社会の実際の状況とそれほど乖離してはいないということについては自信がある。

一九四六年四月二二日脱稿

(『理論与現実』三巻一期、一九四六年)

第六章 作俑篇

仲尼曰く、始めて俑《よう》を作りし者は、其れ後《のち》なからんか、と。其れ人に象《かたど》りてこれを用いし為なり（孔子はおっしゃった。初めて副葬用の土偶を作製した者は、きっと子孫が絶えることになろう、と。人間そっくりに作り、副葬品として墓に埋めたからである）

『孟子』梁恵王上篇に引用されている孔子のこの言葉は、『論語』やその他の書物には見えず、孟子の手になる創作であるのか否かも不明である。しかし少なくとも、この言葉から次のことは読み取ることができよう。すなわち、春秋戦国時代の学者達は、人間を殉葬に用いることに対して、強い嫌悪を感じており、それ故、その怒りの気持ちを、最初に「俑」を作製した者にぶつけ、そんな奴らは「きっと子孫が絶えることになろう」と詛《のろ》ったのである。

彼らによれば、人の姿をかたどった「俑」を副葬品として用いるという習俗が先にあり、それを受けて、後代の帝王達が、俑ではなく、生きた人間をそのまま墓に伴い殉葬することを思い付いた。つまり、最初に「俑」を作った者こそが、後の帝王達が人間を殉葬するという残酷この上ない所業を行う道を開いたのであり、畏怖すべき、かつまた憎むべき存在である、というのである。
おそらく春秋戦国時代には、ことほどさように、人を殉葬する習俗が流行していたのであり、帝や諸侯が死ぬと、必ず彼の寵愛した人間が墓に閉じこめられ、殉死させられたのであろう。
唐代の地理書『括地志』(『史記正義』斉世家所引)には、斉の桓公の墓について次のような記載が見える。

墓は臨菑《りんし》県の南二一里にある牛山の上に位置している。鼎足山、あるいは牛首堈《ぎゅうしゅこう》とも呼ばれるこの山には、二つの墳丘が見られ、晋の永嘉年間末期に、盗掘された。掘っていくと、まず木の板に行き当たり、その下には水銀の池があって、気体が立ちのぼり、中に入ることができなかった。数日たって、犬を連れて入り、蠶《かいこ》形の金製品数十点をはじめ、珠で作った衣服、玉衣、色鮮やかな絹織物、武器などを数えきれぬほど大量に手に入れた。さらに人間が殉葬されており、あたりには人骨が散乱していたという。

これによれば、賢君と称されたあの斉の桓公にして、その死後には、大勢の人間を殉葬させ、彼らの遺骨が散乱するという事態を招いている。しかし、同時代の史書は、この事実を記録しておらず、人間の殉葬が、すでに極めて当たり前の風習であったことが分かる。王や諸侯が死ねば、必ず何人かの人間が殉葬されたのであり、そうした事実は記録しきれぬほど頻繁に見られた。それ故、史書に記されなかったまでである。

たとえば、我々が『史記』の周本紀やその他の世家を読んでも、人間の殉葬に関する記録は一切見られない。しかし、だからといって、当時すでに、周王朝やその他の諸侯国の「文明」が、人間に替えて「俑」を副葬品とする段階に達していたと考えることはできない。そうではなくて、人間の殉葬があまりに日常茶飯のことであり、特に記す必要が認められなかったのである。実際、上引の『括地志』は、晋代に斉の桓公の墓が盗掘されたことに関連して、殉葬の事実に言及しているが、『史記』斉太公世家の本文は、このことについて一言も言及していないのである。

ただし唯一、『史記』秦本紀に、殉葬に関する記述が見える。

繆《ぼく》（穆）公が死去すると、雍《よう》の地に葬った。後を追って死んだ者は、百七十七人を数え、その中には、秦の賢臣である奄息《えんそく》、仲行、鍼虎《けんこ》という子輿《しょ》氏一族の三人も含まれていた。

司馬遷はこれについて、「君子曰く」として論じている。

繆公は、死んで民を見捨て、その賢臣を供にして殉死させた。かつて先王が崩じた時には、立派な業績を残し、後世へ模範を垂れたものである。ましてや、善人や賢臣を奪って、百姓を悼み悲しませることなど決してなかった。

穆公が三人の良臣を殉死させたのは甚だ体裁の悪いことであり、彼らを憐れんだ秦の人々は、記録しないでは済まなかったのである。『詩経』秦風・黄鳥は、彼ら三人を哀悼する詩にほかならない。

交交たる黄鳥、棘《いばら》に止まる　　こうこうと鳴く黄鳥がいばらにとまる

誰か穆公に従う、子車奄息なり
維れ此の奄息《えんそく》は、百夫の特なり
其の穴に臨めば、惴惴《ずいずい》として其れ慄《おそ》れん
彼の蒼き者は天なり、我が良人を殲《ころ》せり
如し贖《あがな》うべくんば、人、其の身を百たびせん

交交たる黄鳥、桑に止まる
誰か穆公に従う、子車仲行なり
維れ此の仲行、百夫の防なり
其の穴に臨めば、惴惴として其れ慄れん
彼の蒼き者は天なり、我が良人を殲せり
如し贖うべくんば、人、其の身を百たびせん

交交たる黄鳥、楚《いばら》に止まる

穆公に従い殉死したのは誰あろう、子車氏の奄息だ
ああ奄息は、百人の家臣なかで最も傑出した人材だ
その墓に臨めば、びくびくと恐れおののく
あの蒼蒼たる天が、我々の賢人を殺したもうたのだ
もし身代わりになれるのなら、誰もが、百回であろ
うと、なるものを

こうこうと鳴く黄鳥が桑に止まる
穆公に従い殉死したのは誰あろう、子車氏の仲行だ
ああ仲行は、百人の家臣にも相当する人材だ
その墓に臨めば、びくびくと恐れおののく
あの蒼蒼たる天が、我々の賢人を殺したもうたのだ
もし身代わりになれるのなら、誰もが、百回であろ
うと、なるものを

こうこうと鳴く黄鳥が楚に止まる

誰か穆公に従う、子車鍼虎なり
維れ此の鍼虎、百夫の禦なり
其の穴に臨めば、惴惴として其れ慄れん
彼の蒼き者は天なり、我が良人を殲せり
如し贖うべくんば、人、其の身を百たびせん

穆公に従い殉死したのは誰あろう、子車氏の鍼虎だ
ああ鍼虎は、百人の家臣にも匹敵する人材だ
その墓に臨めば、びくびくと恐れおののく
あの蒼蒼たる天が、我々の賢人を殺したもうたのだ
もし身代わりになれるのなら、誰もが、百回であろうと、なるものを

この詩を読めば、秦の人々が子車氏（子輿氏）の三人の「良人（賢人）」に対し、いかに深い追慕の念を抱いていたかが分かる。秦の人々は、「その墓に臨めば、びくびくと恐れおののき」、たとえ「百回であろうと身代わりになる」、とまで謡っているのだ。かりに殉死した百七十七人が、宮中で寵愛を受けた人々だけであったならば、史官は記録するはずがなく、詩人もこれほど心を痛め哀悼することはなかったであろう。『史記』が「死んで民を見捨てた」と記すのは、これらの賢臣までをも殉死させたことを指しているのである。

ただし、『史記』のこの記述は、以下に引く『左伝』文公六年の記事を踏まえている。

秦伯任好《じんこう》（任好は穆公の名）が亡くなった時、子車氏の三子、奄息《えんそく》、仲行、鍼虎《けんこ》を殉死させたが、いずれも秦国きっての人材であった。国人はこれを哀しみ、「黄鳥」の賦を作った。君子はこれについて述べた。秦の穆公が覇者になれなかったのは、もっともなことである。なぜなら、

死んで民を見捨てたのだから。古の先王が世を去る時には、後の世に法を残しこそすれ、賢者を奪い去り道連れにすることなど決してなかった、と。

ちなみに、これに関連して、應劭《おうしょう》『漢書集解音義』(『史記』秦本紀・正義所引)に、

秦の穆公が群臣と酒宴をもよおし、その酣《たけなわ》に、命ある時は、この楽しみを共にし、死んだ時には、哀しみを共にせん、と口にした。この言葉に、奄息、仲行、鍼虎の三人は同意した。果たして穆公が薨《こう》ずると、三人は打ち揃って殉死した。『詩経』黄鳥篇は、このことを謡っている。

という記載がある。穆公を弁護する内容となっているが、いかなる書物に基づくのかは分からない。

また『史記』秦始皇本紀によれば、始皇帝の死後、二世皇帝は「先帝の後宮に仕えながら子をなさなかった者は、これを宮殿外に出すのは宜しくない」と述べ、全員を殉死させたため、殉死者は非常な数にのぼった。さらに始皇帝の柩を地下宮殿に安置し終えた時、ある臣下が次のように進言した。墓内の作業を担当した工匠たちは、内部の仕掛けをすべて知っておりますので、重要な機密が漏れるかも知れません、と。そこで埋葬儀礼がすべて終わり、墓内の作業が完了すると、墓道の中門を閉じ、さらに外門も閉めて、墓内の仕掛け造りに関わったすべての工匠を閉じこめ、一人も逃さないようにした、という。

この記述によって明らかなように、通例からすれば「先帝の後宮に仕えた者」は、全員が「殉死」させられることになっていたのである。以上のような恐るべき、かつまた残酷きわまる習慣に対して、

当時の学者達は、異議を唱え、詛《のろ》わないではいられなかったのである。

さらに『西京雑記』によれば、前漢の広川国王去疾《きょしつ》は、無頼少年のように、鳥獣を狩ってまわることに節度なく、領内の大きな墓は一つ残らず掘り起こしたりした。彼が晋の幽公の墓をあばいた時のことが次のように記されている。

　規模は極めて大きく立派であり、羨門《せんもん》（墓門）を開くと、中には、一丈余りの厚さに石灰がつめられていた。それを取り除くと、こんどは厚さ一尺余りの雲母で塞がれていた。その先に百以上の死体が、縦横に折り重なり、どれもみな朽ちてはいなかった。男子は一人だけで、残りはすべて女子であった。坐っている者、臥している者、なかには立ったままの者さえいる。衣服は色どり美しく、生きている人間のそれとおなじであった。

ここに見える「百以上の死体」とは、すべて殉葬された人のことである。

春秋戦国時代には、かくも残酷無比の習俗がおおいに行われ、しかもそれは、斉、晋、秦といった数か国でのみ行われていたわけではなかろう。幅広く浸透していたからこそ、学者達はその存在を詛《のろ》い、また異議を唱えずにはいられなかったのである。

彼らは、理性的、人道的立場に立って発言し、ついには「始めて俑を作」った人物に怒りの矛先を向け、そのような人物こそがこうした習俗の発端を開いたと考えた。彼らの叫びは、古代の思想家達が抱いていた人道主義に基づく強烈な主張そのものである。孔子やその他の思想家たちは、みな「世を救い」、「人を救う」という理想を堅持していた。だからこそ、あらゆる非人道的な行為に反対したのである。

しかしながら、人を殉葬する習俗というのは、果たして彼らが考えたように、俑を「殉葬」する風習が先ず存在し、その後、それに倣《なら》い、俑に代えて死者が生前に寵愛した人間を用いるようになったのであろうか。つまり、俑を副葬するという風習は本当に、生きた人間を殉葬する習俗に先行して存在したのであろうか。

朱子『孟子集註』巻一には、

俑とは、副葬される木の人形である。上古においては、埋葬する時、草を束ねて作った人形を、従者や護衛とした。それは芻霊《すうれい》と呼ばれ、大雑把に人間をかたどるだけであった。中古の時代には、わら人形に代えて俑を用いるようになる。顔つきも生き生きとして、人の姿に極めて近くなる。それ故、孔子は、その不仁を嫌って、きっと子孫が絶えることになろう、と言ったのである。

とある。朱子の主張によれば、まずわら人形があり、その後、俑が登場したことになる。しかし、生きた人間を殉葬することについては全く言及していない。俑は、わら人形が「進化」したものであり、しかも、俑とは「木の人形」である、としている。こうした朱子の考えは、信頼できるのであろうか。

まず、草を束ねて人形をつくったということは、過去の記録には見えず、また証拠となる実物も存在しない。たとえ有ったとしても、とうの昔に腐り、なくなってしまったのであろう。しかも、今日目にする「俑」は、すべて土器製であり、木製ではない。

古代の文献中には、俑に関する記述は極めて少ない。墓の盗掘者も、珠玉や珍奇な財宝、骨董的価値が高い物にだけ目を向け、俑を自分のものにしようなどとは思いもしなかった。

羅振玉はかつて、『古明器図録』序に次のように記している。

光緒丁未（一九〇七年）の冬、北京の骨董屋から始めて二点の古俑を入手した。骨董商が言うには、その俑は河南省の古い墓から出土したもので、かなりの年代物だと思われます。骨董を扱う人間は、他の珍しいものなら放ってはおきませんが、こんなものには皆、目もくれません。これは、別の品を買った時に、些か気にかかり一緒に持ち帰ったものです。金に換えられる値打ちがあるのかどうかも分かりません、と。

そこで私は、墓から出るものはどんなものでも、古代研究の役に立たないものはない、と詳しく説明するとともに、古俑に限らず、他にも明器（墓の副葬品）があれば、すべて私の所にもってきてもらいたい、と伝えた。すると骨董商は、明器にはどんなものがあるのか書き出すよう、しきりに求めた。ちょうど机の上に『唐会要』があったので、調べて見せてやると、分かった、分かったと言って帰っていった。翌年の春になって、骨董商は再び、諸々の明器を携えてやってきた。古俑のほか、俳優、楽人、田宅、車馬、井戸、竈《かまど》、杵臼、鶏、犬などをかたどった明器が、すべてそろっていたので、私はすぐさま高値で買い取った。以上が、古代の明器が初めて世に出ることになった経緯である。

当時、国の内外を問わず、古器物愛好家達は、まだ、こうした明器の存在に気づいてはいなかった。骨董商達は高値で売れることがわかると、（古い墓の多い）洛陽周辺で盛んに明器の収集に務めた。これによって、ついに墳墓から出土物が、都市に大量に出回ることになったのである。ただし、我が中国には、こうした明器の価値に心を止める人士は存在せず、海外の人々が先を争って買おうとしている。かくて陝西省方面の骨董商も、かの地で出土した明器を携えて、やって来るようになったのである。

古明器と古俑の研究は、おそらく羅振玉氏を以て、その先駆とすべきであろう。しかも氏によれば、「過去の書物で古明器に言及しているものと言えば、わずかに宋の岳珂《がくか》の撰にかかる『古冢槃盂記《こちようはんうき》』と『博古図』が、土器の鼎を一点、収録するのみであって、他には聞いたことがない」（『古明器図録』序）という。

しかしながら、実際には、『太平広記』三八九〜三九〇巻に見られる詳細な記述のように、古墓の発掘に関する前人の記載には、明器に言及していることが少なくない。たとえば「いずれも石材を用いて鷹や犬の姿が作られ、また男女あわせて四十体以上の石人が、燭《あかり》を捧げて侍立していた」（『太平広記』三八九巻）、「数十体の青銅製の人を目にした」（『太平広記』同上）、「すべての門の中に、数百にのぼる青銅製の人馬がならび、手には干戈を持っていた。その造りは、精巧であった」（『同』三九

図11 説唱俑
四川省新都県後漢墓出土
(『中国陶俑の美展図録』1984年，朝日新聞社)

図12　女子俑（部分）
陝西省西安市唐墓出土（同上）

〇巻）などと記されている。ただし、今日、こうした石製や青銅製の明器の実物が発見されたということは聞かない。現在目にする明器は、基本的にすべて土器であり、コレクターの収集対象もまた、そうした土器の明器である。それらの中には、偽物も少なからず含まれている。

明器には、侍従、女俑、楽人などの古俑、斝《か》、梟尊《きょうそん》（フクロウ形の酒器）、鼎、壺、瓶《へい》などの諸器物、さらに竈、家屋、井戸、厩舎《きゅうしゃ》、杵臼、牛車、また駱駝、馬、牛、羊、犬、豚、鶏、アヒル、フクロウなど、あらゆるものがあり、考古学者ならびに歴史研究者に多くの重要な研究資料を提供している。明器研究は、今まさに発展途上にあり、その前途は極めて明るい。

しかし、これまでに発見された明器は、一部の玉器、青銅器、鏡、鼎彝《ていい》などを除くと、何故、大部分が土器なのであろうか。青銅製の人や馬、あるいは石製の人、鷹や犬などは、どうして未発見なのであろうか。あるいは、古墓の盗掘に関する古い書物の記載は、多くが伝聞に基づくもので、いずれも誇張が加わっているのであろうか。

生きた人間を殉葬する習俗についての記述も、非常に少ない。これは、秦以降この習俗がほとんど見られなくなったことを示している。たとえば漢の高祖が寵愛した戚夫人に対して、呂后は嫉妬し憎みもしていたが、高祖の死後、彼女を殉葬しようとはしなかった。当時すでに、人を殉葬することは、不合理かつ不道徳な所業であると考えられ、行われなくなっていたことがわかる。

とは言え、この習俗は、後世、完全に消滅してしまったわけではなかった。目をイギリスに移せば、戦死者を埋葬する際、必ず愛馬を墓上に引き連れていき、そこで殺すということが行われたのは、それほど遠い過去のことではない。インドでは、今なお、夫が死ぬと妻が殉死させられる習俗が完全には撲滅されていない。中国においても、夫の後をおって殉死する風習が、今なお、まれに見られる。いずれも、殉葬という古代の習俗が残存している例である。

しかも残存した野性の習俗が、後代にはかえって道徳的な信条の証《あかし》へと変化した。夫に殉ずることは、至高の美徳であると見なされるようになり、いわゆる「烈婦」が、数多くの文士達により賞賛されるところとなった。

中古の世には、以下の話のように、残忍な人間が古代のおもかげを残すこの習俗を利用して、嫉妬する相手を殺してしまうということもあった。

干宝《かんぽう》は、字を令升と言い、父の干瑩《かんえい》は、丹陽の丞《じょう》をつとめていた。父には寵愛するはしためがおり、母はこれにたいへん嫉妬していた。そのため、父が死んで埋葬する時、はしためは生きながら墓に埋められてしまった。干宝兄弟は、まだ幼く、このことを不審には思わなかった。その後、十数年が経ち、母が死んだ。父と合葬するために墓を開くと、はしためが棺に伏しており、まるで生きているようであった。そこで連れ帰り、何日か経つと、生き返った。はしためが言うには、干瑩様の恩情は死後も全く変わらず、地下の生活もそれなりのものでした、と。彼女はその後、人に嫁ぎ、子をもうけた(『太平広記』巻三七五所引『五行記』)。

また死に行く者は、生前、気に入っていた人間を、あの世に伴うことを常に願っていた。それは、以下の史料によく表れている。

北斉の時に、梁という姓の芸人がおり、非常な富豪であった。その人物が死を迎えた時、妻子に向かって言い残した。私がいつも可愛がっている召使いと馬は、長い間、親しみ、たいへん気に入っている。私が死んだ時には、ぜひ一緒に墓に埋めてほしい。そうしないと、処置にも困るだろう、と。

果たして、その死後、家族は土を満たした大きな袋で召使いを圧殺したが、馬の方はまだ殺さないでおいた。ところが、召使いは殺されてから四日後に生き返り、次のように話した。始めはこの世を旅立ったことも分かりませんでしたが、たちまち役所に着きました。その門前に立ちどまったまま、一晩が過ぎると、亡くなられた旦那様が鎖で繋がれ、衛兵に引き立てられ、やっていらっしゃいました。私を御覧になり、おっしゃいました。わしは死んでも奴婢を使えると思っておったので、遺言して、そちを道連れにさせたのじゃ。ところが、死後は、それぞれ自らの因果の苦を受け、お互いに関わりあわないことになっておる。だから、これからお上に申し上げて、お前を解き放ってやるぞ、と（『法苑珠林』巻三六・唄讃篇・感応縁から省略して引用）。

この記載に見える「私が可愛がっている召使いと馬は、長い間、親しみ、たいへん気に入っている。私が死んだ時には、ぜひ一緒に墓に埋めてほしい」という考え方は、古代の人々が何故に生きた人間を殉葬するなどということができたのかをよく説明している。

未開社会の人々は、「第二の世界」の存在を信じており、人は死んでも、霊魂はそのまま存在し続け、現世の人と同じ生活をするものと考えている。生前に好んだものは、死後にも同じように好むはずである。それ故、死んだ時には、生前の愛用物や嗜好品、寵愛した人間や動物は、すべて「第二の世界」へ伴っていかねばならなかった。これこそ、古墓から、多くの遺物や殉死者の遺体が出土する理由である。その後、人類はしだいに知恵を獲得していくが、この種の観念は根強くしっかりと存在し続けている。

もっとも、古代社会において、人を殉葬し、財宝や愛用品を副葬することができたのは、ごく一部の特殊な階層に限られた。大多数の庶民は、経済力に限界があり、大量の副葬品を伴うことなど実際にできるはずもなく、また生きた人間を殉葬することなど全く不可能であった。しかし、上に述べた観念の故に、やはり多少の副葬品は伴わないではいられなかった。それ故、極めてリアルな器物、竈、家屋、牛羊、従者、女性俑など、土器製のミニチュアが作り出され、それらを死者の使用に供したわけである。これらは一種の象徴であり、土器や俑によって、実際の器物や生きた人間のかわりにしたのである。

その後、道徳観念の発達により、人間を殉葬する習俗は、しだいに非人道的であると見なされるようになり、特殊な階層の人々の多くもまた、人ではなく俑を用いるようになった。

図13 倉楼（穀物貯蔵用多層建築）
河南省焦作市後漢墓出土
（『河南出土漢代建築明器』大象出版社，2002年）

このように、俑はあくまで生きた人間を象徴しているのであって、俑の作り出された時代が、人間を殉葬していた時代よりも、古いということは決して有り得ない。俑は生きた人間の代わりとして誕生したのである。最初は、経済力の不足やその他の理由によって、その後、ようやく道徳観念の発達という理由によって、人に替えて俑を用いるようになったのである。繰り返せば、『孟子』に見える「始めて俑を作りし者は、其れ後なからんか」という呪詛は、事実を全く逆転させている。俑を副葬する習俗が先行し、後から生きた人間を殉葬するようになったのでは決してない。全く逆に、俑は生きた人間の代わりとして、副葬されることになったのである。

現代中国では、もはや俑は用いられなくなったが、今なお、その遺風を見ることができる。人が死ぬと、残された人々は、紙で作った家屋、衣装箱、舟や車、道具類、さらには紙の人間までもたくさん燃やし、死者の利用に供する。実物は用いず、また明器でもなく、もっぱら燃やしてあの世へ送りやすい紙製の人や物を用いるのである。俑に比べると、程度差は見られるが、その観念や機能においては、やはり一貫したものを認めることができる。

一九四六年四月二一日記す

（『昌言』創刊号、一九四六年）

（訳者附記）

黄金時代を迎えたとの語を以て形容されることもある中国考古学の現状からすれば、ほぼ六〇年前に執筆された本章に明確な誤りがあることを指摘するのは容易である。すなわち、「今日目にする俑は、すべて土器製であり、木製ではない」、さらに、「これまでに発見された明器は、一部の玉器、青銅器、鏡、鼎彝などを除くと、何故、大部分が土器なのであろうか。青銅製の人や馬、あるいは石製の人、鷹や犬などは、どうして未発見なのであろうか」と述べている点などである。現時点では、周知の如く青銅製、石製、木製の人間や諸動物の俑が、極めて古い時代から大量に使用されていたことが、発掘により明らかとなっている。近年出土の例を挙げれば、青銅製の俑は、墓ではないが、四川省の三星堆遺跡の祭祀坑から人や動物を象ったものが多数出土しており、石製の俑についても、同じ四川省の金沙遺跡から発見されている。木製の俑については、戦国時代の楚墓から、各種各様のものが大量に出土している。また土製の俑についても、たとえば時代的には古く新石器時代から明清時代の墓に至るまで、地域的には全国的な範囲で、さらに量的には、始皇帝陵で確認された七〇〇〇体の兵士俑に象徴されるように、何千、何百の単位で歴代の墳墓から、大量に出土しているのである。

しかし、わずか六〇年前のこととは言え、当時の考古学研究の状況は、今日とは雲泥の差があった。そもそも組織的な発掘調査などというものは、殷墟など、ごく一部の遺跡に対して例外的に行われていただけであり、ほとんど手つかずの状況にあった。それ故、当然、考古学的資料の蓄積もほとんど無かったのであり、著者の認識には時代の制約による大きな限界があった。

それにもかかわらず、本章から読み取るべきことは少なくない。たとえば、著者の学問について、以下の二点を指摘することができる。まず第一点は、そのような考古学の状況において、俑をはじめとする明器に着目し、文献史料と結びつけて、それらを副葬した古代中国の人々の精神世界を明らかにしようとした独創性である。ついで第二点は、青銅製や石製の遺物が未発見であることに懐疑を抱くとともに、「明器研究は、今まさに発展途上にあり、その前途は極めて明るい」と述べ、考古学の進展を見通すことができた先見性である。なお、鄭振鐸と考古学の関係については、解説（本書二五九〜二六一頁）においても些か言及している。

〔訳者解説〕

鄭振鐸の史学研究

高木智見

はじめに

一九九〇年代以降、中国古代研究においては、「疑古時代から抜け出す」なるスローガンが広く支持されている。スローガンの提唱者、李学勤氏の業績を見ると、氏の研究が、二〇世紀中国における古代研究の三つの潮流の集大成であることを容易に理解できる。三つの潮流とは、『古史弁』を中心とする史料批判の深化、甲骨金文や簡帛資料など考古学的史資料と伝来文献との有機的結合による研究の進展、史的唯物論を始めとする西欧社会科学の導入である。かりに、それぞれの潮流を代表する研究者として、順に顧頡剛、王国維、郭沫若の各氏を挙げても、それほどの異論はなかろう。

これら三つの潮流は、現実には、相互に複雑にからみあい、影響しあいながら現在に至っている。また、こうした古代研究の本流が、他の多くの潜流、支流、傍流などの存在を抜きにしては成立しえなかったことも確かである。

本稿では、本流にまさるとも劣らぬ影響力を有した、一筋の激流を取りあげてみたい。二〇世紀の中国古代研究を回顧するとき、李氏より五十年以上も前、まさに疑古派が脚光を浴びているさなか、「『古史弁』の時代にはもはや一区切りをつけるべきであって、古代社会の真の姿を明らかにするためには、進むべき別の道筋を探す必要がある」と、高らかに宣言し、古代研究の新たな方法を大胆に模索して、現在から見ても高く評価すべき一連の論考を生み出した研究者がいた。すなわち、一般には文学研究者として知られる鄭振鐸である。

以下には、これまで、あまり注目されてこなかった鄭振鐸の歴史研究の成果、『湯禱篇』を取りあげる。なぜなら、執筆から半世紀以上経たにもかかわらず、この書の内容は、今なお極めて「面白く」、研究史的にも、本来、無視しえぬ位置を占めると考えるからである。まず鄭振鐸の業績とその歴史研究を通覧したうえで、『湯禱篇』の内容を概観し、叙述対象、研究の方法や観点などを論じ、その史学研究の面白さと特徴を明らかにしたい。さらに、そうした鄭振鐸の史学研究が生み出された学問的背景を探ることにする。二〇世紀前半に先駆的に為された疑古克服の試みに学ぶべきことは、少なくないはずである。

一　鄭振鐸の業績および歴史研究

はじめに、鄭振鐸の一生を簡単に振り返っておこう。

鄭振鐸、原名は木官、字は警民。筆名は西諦、CT、文基、郭源新など。原籍は福建省長楽県であるが、家庭の事情で、一八九八年に浙江省温州市で生まれる。一九一七年に北京鉄路管理学校に入学。西欧の哲学、社会科学関係の書物を渉猟するとともに、ロシア文学を主とする文学作品に親しむ。五四運動の洗礼を受け、瞿秋白《くしゅうはく》らとともに、雑誌『新社会』を創刊。その後さらに、茅盾、葉聖陶らと進歩的文学団体、「文学研究会」を創立。

一九二一年、商務印書館に入社し、雑誌『児童世界』、『小説月報』などの編集に中心的役割を果たす。五・三〇事件、四・一二事件など上海で発生した一連の政治事件には、愛国的知識人として積極的に反応。前者に対しては、『公理日報』を創刊し、帝国主義の暴虐を暴露・非難し、後者に対しては、自らの署名を冒頭に配した連名の抗議文を国民党当局に提出している。

一九二七年、当局の迫害を避けて、イギリス、フランスなどに渡る。各地の博物館や図書館において中国関係文献調査を行うなど、見聞を広めて、翌年に帰国。

一九三一年の燕京大学中文系教授就任を皮切りに、国共内戦終結に到るまで、北京、上海の各大学で教鞭を執るとともに、貴重文物の保護、国外流出阻止に努める。この間、雑誌、新聞、図録、叢書などの編集・刊行を精力的に推し進める一方、詩や小説、散文の創作発表、俗文学を中心とする文学史研究に活躍。

一九四九年、中華人民共和国成立後は、政治協商会議委員、全人代代表などを勤めるかたわら、中国社会科学院考古研究所ならびに文学研究所の所長を兼任。一九五八年、文化代表団を率い外国訪問の途上、飛行機事故により死亡（以上の記述は、『学術大師治学録』、中国社会科学出版社、一九九九年の当該箇所などを参照した)。

つぎに、鄭振鐸の歴史研究について論ずる前提として、近年刊行された『鄭振鐸全集』(花山文芸出版社、一九九八年)の内容を掲げ、全業績を一覧しておきたい。

第一巻　小説
第二巻　詩歌　散文
第三巻　雑文　文学雑論　湯禱篇
第四巻　中国文学研究上
第五巻　中国文学研究下
第六巻　中国古典文学文論　漫歩書林　劫中得書記
第七巻　中国俗文学史
第八巻　挿図本中国文学史一
第九巻　挿図本中国文学史二
第十巻　文学大綱一
第十一巻　文学大綱二
第十二巻　文学大綱三
第十三巻　児童文学
第十四巻　芸術考古文論　近百年古城古墓発掘史

第十五巻　外国文学文論　ロシア文学史略　タゴール伝
第十六巻　書信
第十七巻　日記　題跋
第十八巻　ギリシア・ローマ神話伝説の恋愛物語　ギリシア神話と英雄伝説
第十九巻　灰色の馬　沙寧　ロシア短編小説訳叢
第二十巻　タゴール詩選　コーカサス民間故事　民俗学浅説　雑訳

列挙した業績が圧倒的な説得力を以て示すのは、彼の博学多識ぶりであり、しばしば中国における典型的な百家全書派の学者であるとされるのも故無しとしない。また、鄭振鐸の最もよき理解者の一人、胡愈之が、追悼文において、「君は多芸多才の人物であり、詩歌、戯曲、散文、美術、考古、歴史のどの分野においても、創作においても、翻訳においても、さらに世界文学の名著を紹介し、過去の文学作品を整理・刊行するといった活動においても、あらゆる面において、通常、一人の人間では到底成しえないような貢献を行っている」(『回億鄭振鐸』一八頁、学林出版社、一九八八年)と評価しているのも、頷けよう。実際、鄭振鐸は、中国文学史、美術史、歴史学、考古学の多分野にわたる膨大な著作計画を有していたという(同上『回億鄭振鐸』一四八頁)。

鄭振鐸が、梁啓超の未刊の大作『中国文化史』について、その構想の胆力を「全牛を呑む」の語を以て高く評価したのも、自らが同じような全体史を志向していたからに違いない。ちなみに梁啓超の『中国文化史』は、全体が三部二九篇で構成され、歴史事実を叙述した「朝代篇」から、図書の印刷、編纂、収蔵について考察した「載籍篇」に至るまで、おおよそ中国に関する一切の事柄を包括しようとする気宇壮大な構想であった（「梁任公先生」全集五巻）。

敢えて大胆に簡略化して言えば、二〇世紀初頭の中国は、伝統的な中華帝国の崩壊を受け、新たな政治体制、社会秩序の形成途上にあり、かつまた、そうした動向の原因とも結果とも見なすことができる西欧の文化、学術思想の大量の流入といった事態を経験していた。このような困難に満ちた、しかし混沌のエネルギーに溢れた時代状況は、とてつもなく幅広く、奥深い学問的業績を成し遂げた何人もの知的巨人を生みだしたが、鄭振鐸は、まさに、そのような人物の一人である。本稿で取りあげるのは、こうした博通の士、鄭振鐸の歴史研究者としての側面である。

そのため、やはり前提作業として、歴史研究の範囲に属すると考えられる鄭振鐸の業績を、以下の五種に分類して概括しておく。

第一は、顧頡剛（『当代中国史学』南京勝利出版公司、一九四七年）によって画期的な名著と評価された『挿図本中国文学史』（北京樸社、一九三二年、全集八、九巻）、『中国俗文学史』（長沙商務印書館、一九三八年、全集七巻）や『中国文学研究』（作家出版社、一九五七年、全集四、五巻）などの厖大な文学史関係の研究である。これらの著作を貫く基本的視点として、それまで等閑視されてきた俗文学などが有する価値を正当に評価し、文学史研究の重要な対象として取りあげたこと、さらに中国文学を世界の文学史の中に位置づけて理解しようとしたこと、などを指摘できる。要するに、二千年来の伝統的文学観から自由になり、中国文学の総体を捉え直そうとしたのである。

言うまでもなく、こうした研究姿勢は、民国初年以来の新文学運動の流れに沿うものであり、その意味で顧頡剛を中心とする『古史弁』の主張とも通底するところがある。実際、鄭振鐸が一九二三年に発表した論文「読毛詩序」(『小説月報』一四巻一号、全集四巻)は、後に『古史弁』第三冊に再録されている。この論文は、「毛詩序」の「牽強付会」の説が、『詩経』解釈の大きな障碍になっていること、ならびにその作者が後漢の衛宏であることなどを論じている。文中の「我々が、詩経を、幾重にも積み重なった注疏という瓦礫の中から取りだして、新たな研究を行うために最初に求められるのは、毛詩序をうち倒すことである」というくだりは、まさに疑古派さながらの口吻である。

ちなみに、顧頡剛「我是怎様編写古史弁的」(重印版『古史弁』第一冊、上海古籍出版社、一九八二年)によれば、『古史弁』の出版元であった樸社は、本来、鄭振鐸の発案に基づき設立されたという。

第二は、『中国歴史参考図譜』(後述)や『域外所蔵中国古画集』(上海出版公司、一九四八年)、『偉大的芸術伝統図録』(中国古典芸術出版社、一九五六年)などの歴史・考古学・芸術関係の図録や図版の整理刊行、さらに『明季史料叢書』(豊澤園、一九四四年)、『玄覧堂叢書』(一九四〇~四八年)といった稀見史資料の整理刊行を積極的に進めたこと。さらに、『二五史補編』(開明書店、一九三六年)、『中国歴代天災人禍表』(上海曁南大学、一九三九年)などの編集にも協力している。

このうち、一九四七年から五一年にわたり上海出版公司から刊行された『中国歴史参考図譜』(全二四輯六一八頁、総計三〇〇三図、書目文献出版社一九九四年刊行の合訂本あり)は、石田幹之助・岩井大慧『東洋歴史参考図譜』(東洋歴史参考図譜刊行会、一九二五年)を目にした鄭振鐸が、手際よく編集された図譜（全四八三図、解説五輯）の編者が、中国人ではなく、日本人であることに強い衝撃を受け、それを凌駕する内容の図譜作成を目指した成果であるという。この図譜は、学術的に高い評価を受け、郭沫若は寄贈されたこの書の中に、詛楚文の良質の拓本を見出し、それをもとに、雄編「詛楚文考釈」を著した（「詛楚文考釈」前言、『郭沫若全集』考古篇第九巻、科学出版社、一九八二年）。

政治的に極めて困難な時期に、この書を含め、中国伝統文化の精髄とも言うべき貴重文物（海外流出品も含む）を収めた大型図版、図譜の編集・刊行を精力的に進めたことは、単に文化的学術的に大きな意義を有したのみならず、政治的な影響も大きく、広範な支持と高い評価を受けることとなった。なかでも、一九五〇年代に完成を見ながら、種種の事情で一九八六年にようやく出版された『中国古明器陶俑図録』（上海古籍出版社）は、国外流出をくい止めるために鄭振鐸自らが購入した漢唐間の明器陶俑七二〇点を分類・整理したもので、愛国主義者、民族主義者としての面目躍如たるものがある。

第三に、人民共和国成立以後、鄭振鐸はただちに文化部文物局局長に任じ、その後、中国科学院考古研究所、文学研究所の所長を兼任したため、職務上、考古学、博物館学、美術史関係の論文、序文、報告、随筆などを執筆している。たとえば考古学の分野では、『基本建設与文物保護工作』（中華全国科学技術普及協会、一九五四年）、「考古事業的成就和今後努力的方向」（『光明日報』一九五六年二月二八日）といった、考古学の将来を方向づける文章があり、さらに『殷虚文字綴合』（科学出版社、一九五五年）や『縮印百衲本二十四史』（商務印書館、一九五八年）などに序文を寄せている。美術史の分野でも、「近百年来中国絵画的発展」（『中国近百年絵画展覧選集』文物出版社、一九五八年）、「中国古代版画史略」（『中国古代木刻画選集』人民美術出版社、一九八五年）などがある。これらの分野の文章は、現在では『鄭振鐸芸術考古文集』（文物出版社、一九八八年）、『鄭振鐸文博文集』（文物出版社、一九九八年）に収められている、

第四は、『民族文話』など、解放前の執筆にかかる通史的歴史叙述である。日本による侵略がしだいに激しさを増していく一九三〇年代以降、中国の行く末に強い責任感を抱く知識人の一人として鄭振鐸は、政治情勢に応じた文章を少なからず執筆している。そのうち、一九三八年から三九年にかけて『申報』および『魯迅風』に連載された『民族文話』（一九四六年、上海国際文化服務社、全集四巻）は、芸術や学問に沈潜、逃避して現実に関わろうとしない一部知識人の傾向を批判して、中国民族が過去において生を捨て義を取り、他民族の侵略を撃退した歴史、すなわち「往古の仁人、志士、英雄、先烈たちの抗戦故事」を、平明な文章で綴り、「民族の伝統を顕彰し、そうした歴史が密接に現実につながっていることを証明」しようとしたものである（唐弢《とうとう》「西諦先生二三事」、『回憶鄭振鐸』三五八頁）。

とりわけ亡国を前にした執政者たちの態度に焦点がしぼられ、また後代の野史や劇本などの記述を効果的に引用するなど、興味深い政治史となっている。当初の計画では、民国期まで書き続ける予定であったが、孔子を以て擱筆したため、「ほとんど周民族のある側面についての簡史」となってしまったと自ら述べている。

ちなみに、その後、国共内戦期の一九四六年には、古の故事に借りて同時代を批判するため、つまり「文章によって国民党反動統治を攻撃するため」（陳福康『鄭振鐸年譜』三八二頁、書目文献出版社、一九

八八年)、雑誌『民主』に、『古事新談』(全集三巻)を連載した。内容は、『史記』から二一、『塩鉄論』から二つ、あわせて二四の故事を選び出し、それらにかりて現代批判を行っている。

なお、前述の如く解放後に執筆した美術史関連の文章のうち、「中国古代版画史略」、「中国古代絵画選集序言」、「偉大的伝統」などは、いずれも版画や絵画などの特定の分野に限られてはいるが、それぞれを中国の社会発展史に位置づけた上で概観、紹介している。

第五は、次章以降で詳しく論ずる古代文化史に関する一連の専論「湯禱篇」、「玄鳥篇」、「黄鳥篇」、「釈讃篇《しゃくき》」、「伐檀篇」、「作俑篇」である。これら六篇は、一九三〇年代から四〇年代にかけて個別に発表されたが、解放後一九五七年に、「作俑篇」を除く五篇を集め、第一篇の名をそのまま書名とした論文集『湯禱篇』として、上海の古典文学出版社から刊行されている。本稿では、「作俑篇」も、他の五篇と同一の性格であることに鑑み、それを含めた六篇をひとまとまりとして考察を加える。

以上、本章では鄭振鐸の経歴とその創作並びに学術活動を概観し、そのうえで彼の歴史研究を五分野に分類して紹介した。章を改めて、『湯禱篇』の面白さから説き起こすことにしたい。

二　『湯禱篇』の面白さ

本章の目的は、『湯禱篇』の面白さの理由を考察し、あわせて各篇の内容を概括することにある。すでに発表から数十年が経過しており、当時においては斬新であったが、現在ではすでに常識と化してしまった論点もあるが、本稿冒頭でも述べたように、『湯禱篇』は今なお読み物として極めて魅力的な書物である。つまり、我々にとって非常に面白い書物であり、また研究書としても無視しえぬ内容を備えているのである。それにもかかわらず、これまで、この書を取りあげ本格的に論ずるという試みは、なされていない。

その試みを敢行する前に、まず『湯禱篇』に対する従来の評価のいくつかを見ておこう。たとえば白寿《はくじゅ》彝《い》「民俗学和歴史学」(『民俗学講演集』書目文献出版社、一九八六年)は、第一論文「湯禱篇」の論証が説得力に富むことを指摘したうえで、鄭振鐸は、この論文により、中国古代の帝王が人間界の王であると同時に、神職を担う領袖、すなわち「祭祀王」でもあったことを明らかにし、中国社会史上の一つの重要な問題を提起した、としている。

また金梅・朱文華『鄭振鐸評伝』(一八九九〜一九三頁、百花文芸出版社、一九九二年)も、第一篇「湯禱篇」について、鄭振鐸の学術思想が「完全に成熟」したことを示しており、「鄭振鐸の全著述の中で、この論文の文章が最も素晴らしく、華麗であり、きらびやかな文体と独創に富む見解が極めて効果的に統一されている」と高い評価を下している。さらに「湯禱篇」における鄭振鐸の見解や研究方法が、胡適の有名な論文「説儒」に何らかの示唆を与えたことは間違いない。少なくとも、あい前後して発表された鄭、胡両者の文章が、期せずして、疑古派の学問のある種の偏向を糾し、五四以来の学術研究の方法面における自覚的進歩を物語るものである、としている。

このほか、裘錫圭《きゅうしゃくけい》「説格物」(『文史叢稿』上海遠東出版社、一九九六年)は、第四論文「釈諱篇」について、避諱とは名前の神秘性の表現にほかならぬことを明らかにした「很好的論述」であると評価している。

このように高い評価がなされ、鄭振鐸による問題提起の先駆性や文章の華麗さは指摘されてはいるが、いずれも『湯禱篇』の研究の特徴や、研究史上の位置を明らかにする、あるいは二〇世紀の中国史学研究における鄭振鐸の位置を明確にするといった観点からのものではない。そうした観点に立って『湯禱篇』を本格的に論ずることを課題とする本稿では、この書が何故、今なお面白いのか、という極めて素朴な疑問に解答を与えることを通して分析していきたい。ただし、「面白い」という語は些か曖昧かつ主観的であり、以下には、その「面白さ」のよって来る所以を、文章、叙述対象、研究方法に分けて考察する。

まず文章であるが、確かに上引の金梅・朱文華が述べるように、鄭振鐸の文章は、「素晴らしく、華麗であり、きらびやかな文体と独創に富む見解が極めて効果的に統一されている」。つまり、達意の名文であり、生彩に富んでいる。

このような彼の文章について考えるうえで、極めて示唆的であるのは、鄭振鐸の「論文字的繁簡」（全集五巻）なる一九三三年の一文である。それによれば、文語文を用いて書かれる当時の新聞記事が、「疲れ切って生気がない」理由は、表現が紋切り型であることに加え、「古文家」の影響が残り、簡潔が貴ばれること、すなわち「記述するだけで、描写が為されていない」ことにあると言い切る。それ故、そうした文言文は、描写に比重をおいた白話文に改められるべきであり、そうすれば、活力みなぎる生き生きとした新聞記事が可能になる、と主張している。

当然ながら、これは、新聞記事に限定した議論ではなく、あらゆる文章に対する主張であると考えるべきであり、それはまた、鄭振鐸自身の執筆における一大眼目であったに違いない。この問題はさらに、記述としての社会科学、描写としての人文科学といったより高次の議論にも関連してくるが、ここでは深入りしない。ともあれ、鄭振鐸は、簡潔を重んずる紋切り型の表現を避け、具体的で生彩に富む描写に心がけることにより、筆者の描く世界が、読者に最も届きやすくなると考え、それを実行したのである。だからこそ、彼の文章が面白いのであろう。

しかしながら、それは、あくまで面白い文章が生み出される必要条件でしかない。いかに具体的で生彩に富む文体であろうと、中身のない文章が面白いはずがない。問題は、いかに叙述するかではなく、何を叙述するかである。つまり、鄭振鐸の生き生きとした文章には、確固とした中身があるから、面白いのである。ならば、鄭振鐸『湯禱篇』の中身、すなわち叙述対象は何か。

以下、篇ごとに叙述対象、すなわち研究対象を検討していくが、結論を先取りして述べるならば、『湯禱篇』は、一貫して古代中国の人々の心の有り様を、彼らの立場に立って描こうとしている。結局のところ、叙述対象が当時の人々の心であり、それによって現代に生きる我々がその時代を感得できるが故に、面白いのである。

冒頭の第一章「湯禱篇」（一九三三年）は、中国における古代王権の本質に正面から迫った論文である。殷の湯王が雨乞いのために、自らの肉体を犠牲にして祈禱したとされる故事を取りあげ、過去の経学者や考証学者がこれを荒唐無稽の伝承として否定し去ったのは、彼らの価値観に基づく一方的な解釈にすぎない、と批判する。そのうえで、フレイザー『金枝篇』の王権論を下敷きとして、この故事が古代社会における王権の姿を如実に伝えていることを明らかにした。すなわち、周代から明代に到る歴代の皇帝や諸侯が、日食その他の天変地異を彼ら自身が責任をとるべき事柄であると認め、実際にそれに応じた対応をしている事例を大量に挙げて、中国における支配者は、単に政治上・軍事上の責任を有するだけでなく、民衆の精神的・宗教的領袖でなければならなかった、ことを論証した。つまり、中国の王は君主であると同時に、シャーマン、巫祝王でもあったのである。

このように、古代中国の支配者達が有した、宗教的領袖としての側面に光を当てる一方、古代社会においては、人身犠牲を伴う祈禱が普遍的に見られることを明らかに示す。そのうえで、「祈禱劇」の主人公は、必ずしも殷の湯王ではなかったかも知れないが、湯禱の伝承と本質的に同内容の劇がかつて演じられたことは、疑問の余地がなく、その回数も、一〇幕や一〇〇幕に止まらなかった、と結論している。

続く第二章「玄鳥篇」（一九三五年）では、始祖誕生説話を取りあげ、前章とは異なる角度から古代王権の性格の一端を追究している。すなわち、殷の始祖契《せつ》は、その母親が玄鳥の卵を呑んだ為に妊娠して生まれたという伝承の背後に、以下の二つの古代的な観念があったとする。第一に、かつての人類は、人間の誕生と食物摂取の間に一定の因果関係を認めていたということ。第二に、帝王や英雄は、よって来《きた》る本源を有し、彼らは母親が不可思議な感応をした結果、誕生した、あるいは、その誕生に何らかの予兆現象がともなうことがあると考えられていたこと、である。古くから存在するこうした伝統的観念を利用して、中国歴代の英雄たちは、農民を支配下に納めようとしてきた、と指摘する。さらに、そうした観念の源流には、人間は、前世で必ず、何らかの人や神、その他の存在であり、人間の誕生とは、前世とは異なる姿を獲得すること、あるいは天上世界から人間界に降り立つことに過ぎない、といった考え方があるとしている。

第三章「黄鳥篇」（一九四六年）では、中国社会における入り婿の悲惨な生活の実態を興味深く描いている。まず『詩経』黄鳥篇、ならびに我行其野篇に対する従来の解釈の誤りや不足を指摘したうえで、両篇はいずれも虐待を受けて苦しい生活をしていた贅婿《ぜいせい》、すなわち入り婿が作った哀吟の詩であることを明らかにしている。さらに、彼らは事実上、無報酬の終身作男、男奴隷にほかならない。こうした贅婿の制度とそれに関する伝承は、如上の『詩経』二篇および「劉知遠諸宮調」を例外として、これまでほとんど等閑視されてきた。しかし、中国の農村においては、彼らの悲劇が、過去数千年来、現在に至るまで、繰り返し演じられてきた、と結論をくだす。

第四章「釈諱篇」（一九三八年）は、中国人と諱に関する諸観念を扱っている。冒頭で、名前を避ける習俗について、古代から著者の生きる現代に至るまでの興味深い事例を通覧し、こうした習俗の存在理由、すなわち名前を呼ぶことが何故に「不敬」となるのかを探ろうとしている。まず、名前は当人の肉体の一部であるとする観念の存在を指摘し、そうした名前を呼んで行う呪術の実例を、とりわけ宋代以降の伝奇や小説によってあげ、呪術が現実的意味を有する社会においては、名前を知ることは、そのものの身体を捉え、獲得することと変わらないと考えられていたことを明らかにする。さらに、名前の呪術に関する説話が、広く世界の諸民族に見出されることを指摘したうえで、このように遠い昔に起源する習俗が、いまなお中国社会に痕跡を止めている、と結論している。

第五章「伐檀篇」（一九四六年）では、抑圧されていた古代農民の心情が吐露されている詩篇を分析している。まず、『詩経』魏風・伐檀篇に関する従来の解釈を否定し、農民が支配者を諷刺している詩篇であるとする。ついで同内容の詩数篇を検討し、さらに農業暦の如く詳細に農民生活をつづった豳《ひん》風・七月篇を取りあげ、その全篇が、農民たちの嘆きの声で埋め尽くされているとする。こうして『詩経』の農民詩の再読を通じ、名目的には自由でありながら、実際には奴隷同然の生活を強いられていた周代農民の生活状況を再現することが可能となるとし、最後に『詩経』は、得難い史料を無尽蔵に提供する宝庫であると述べる。

第六章「作俑篇」（一九四六年）は、陶俑を題材として中国人の死後世界観の問題を扱う。春秋戦国時代の知識人は、副葬品としての俑を考案、作製した者こそ、生きた人間をそのまま埋める殉葬習俗の端緒を開いたと考え、憎悪の対象とした。しかし、孔子などのこうした認識が全くの誤りであることを、中国及び世界各地における様々な実例を挙げて示し、また当時開始されたばかりの明器研究の一端を紹介しつつ、以下の如く論ずる。すなわち、未開や古代社会の人々は、死後における「第二の世界」の存在を信じ、現世同様の生活をするものと考えていた。それ故、生前に使用した種々の器物に加え、寵愛した人間や侍従まで伴う必要があった。これこそ、多くの副葬品や殉死者が墓から発掘される根本的理由であり、当初は実際に使用していた器物や人間そのものが埋められていた。その後、それに代替するシンボルとして、極めてリアルな土器製の器物や俑人が登場した、と述べている。

以上の要約を概括すれば、第一、第二章は、王権を支える呪術的な古代観念について論じ、第三、第五章は、中国社会の負の側面である贅婿《ぜいせい》の制度、ならびに地主による農民搾取の問題を具体的に取りあげている。これら四篇における鄭振鐸の視点は、古代王権のもとで支配や搾取を受ける側であった民衆の精神世界に定められている。また第四、第六章では、名前や死後の世界に関する特徴ある習俗や制度について、それらを支える人々の意識を明らかにしながら論じている。全章を通ずる叙述対象は、古代中国に生きた人々の精神世界、心のあり方であり、しかも、それらが彼らの生きた世界に即して理解されており、そこに生きる人間を直接感じ取ることができる。

かつて楊寛（『歴史激流中的動盪和曲折』七四頁、時報文化出版公司、一九九三年）が指摘したように、顧頡剛『古史弁』を中心とする古史伝承の弁偽作業は、本質的には、史料論の範疇に属するものである。史料の内側に入り、古代中国の世界およびそこに生きた人々の心の世界を再現することは、直接の目的ではなく、おそらく次の段階で為すべきことと考えられたのであろう。それに対して、鄭振鐸の目的は、当初から、古史弁の方法を超えること、すなわち古代中国の人々の心のあり方の再現であった。王権を支える古代観念（中国の王は政治的指導者たるのみならず、宗教的領袖でもあらねばならなかったという観念的事実）、始祖説話、入り婿など、分析対象は様々に異なるが、六篇の研究に通底するのは、古代中国の人々の精神世界の解明であり、それが生き生きとした文章と巧みな論理によって描き出されている。それ故、そこでは、史料論の範疇《はんちゅう》に属する古史弁派の研究や、伝統的な制度史、あるいは事件史の研究に対しては期待できない、古代中国の人々との邂逅が可能であった。読者は時代を越えて、そこに生きた人々の存在を眼前に感ずることができる。だからこそ、面白いのである。

こうした面白さを可能にするため、すなわち古代人の精神世界を再現するために、鄭振鐸が採った独自の研究方法については、史料の選択と史料解釈の観点という二点に分けて考えることができる。

まず史料について言えることは、『詩経』をはじめとして、神話、伝承、小説などの文学作品を積極的に利用していることである。具体的に検証するならば、『湯禱篇』全六章のうちの半数を占める玄鳥、黄鳥、伐檀の三篇が、『詩経』の篇名をそのまま章名としていることが示すように、『詩経』を最重要の史料として用いている。また湯禱篇（第一章）、作俑篇は、核心となる史料として、前者では神話伝承を、後者では出土史料ともいうべき陶俑を強く意識しているが、両篇ともその勘所で『詩経』を用いており、その重要性は如上の三篇の場合に劣らない。残る釈諱篇は、テーマの関係から『詩経』に替えて、『西遊記』、『封神伝』、『水滸伝』、民間伝承などのいわゆる俗文学を史料として大胆に用いている。

つまり、『湯禱篇』における史料選択の際立った特徴として、通常の歴史研究に用いられる「史部」の史料ではなく、「集部」に属する『詩経』や俗文学がその主要な史料として選択されていることを指摘できる。鄭振鐸自ら、史料としての『詩経』について伐檀篇（本書、二〇三頁）で以下のように述べている。(1)

『詩経』は、いわば無尽蔵の宝庫であり、『旧約聖書』雅歌《がか》とならび、人類にとって永遠の珠玉である。我々はそこから、古代社会の生活状況を「発掘」することができる。とりわけ農民生活についての描写は、他の書物からは決して得ることができない。この古代詩歌の総集には、文学および歴史分野の貴重な資料が極めて豊かに含まれているのである。

さらに、『詩経』が史料としていかなる意味で貴重であるのかについては、たとえば『中国俗文学史』（全集七巻、二五頁）で、以下のように明言している。

古代農業社会の実状ならびに農民達の生活の喜び、苦しみ、怨みの気持ちを、すべて尽く、あれほどまでに美しく、深く、生き生きと表現しており、二千年前の苦しみに満ちた農民生活の有様が、いまこの時、我々の眼前に浮かび上がってくるかのようである。最も貴重な史料であり、また不朽の名作でもあるのである。

同様に『文学大綱』第七章（全集一〇巻、一七七頁）においても、

『詩経』は、文学的には古代人の感情を書きとどめた珠玉のような詩篇を我々に提供してくれる。同時に歴史的にも、極めて大きな価値がある。というのは、『詩経』は、『詩経』の時代を完璧な形で我々の眼前に再現し、そのことによって、当時の生活、思想、政治状況ならびに人々が最も慣れ親しんだ植物、禽獣、魚類、虫類、さらには楽器、武器などを可視的に理解させてくれるからである。このような極めて信頼できる史料は、他のいかなる古典からも容易には得られない。

といった評価を下している。このように鄭振鐸は、『詩経』を歴史研究の史料、とりわけ古代人の心のあり方を知るための史料として見る目を、早い時期から持っていたのである。

また民間文学を史料とする理由についても、やはり『中国俗文学史』（全集七巻、一四頁）に、

わずか四、五篇の作品が、しばしば何千何百部の詩集や文集より、時代精神や社会生活の状況を反映していることがある。……過去の中国における最大多数の人々の痛苦や叫び声、喜びや煩悶、恋愛

の楽しさ、別離の悲嘆、生活の苦しさに対する呻き、さらには暗黒の政治に対する闘争を表現している。……ここにおいてこそ、本当の中国人民の発展ならびに、その生活と情緒とを見ることができる。中国の女性達の心情も、俗文学においてこそ、大胆に、かつまた飾ることなく思いのままに吐露されているのである。

とあるように、それが、かつての民衆の心を直接表現しているとの考えに基づくものであったと思われる。以上のように鄭振鐸は、『詩経』や民間文学について、過去の人間の感情をそのまま記録している絶好の史料であると理解していたからこそ、これらを手段として、『古史弁』とは一線を画した歴史叙述を創出しようと考えたのであり、また、実際にそうすることができたのである。

次に、『湯禱篇』の面白さを可能ならしめている研究方法の第二の点、すなわち史料解釈の観点については、本書の以下の記述に注目したい。

古代においては、現在の未開社会におけるのと同様、我々には理解不能の、奇妙な出来事が頻繁に起こっていたのである。粗野で野蛮で、とても信じられないと思われることほど、実はかえって真実に近いのである。未開社会に関する研究が始められてから、この真理はいよいよ明確なものとなった。未開社会の生活に臨んでは、今日的視点を直接当てはめて云々することはできない。未開の神話は、我々が思いこんでいるほど荒唐無稽ではないのである（湯禱篇、一八頁）。

古い伝説や神話が生み出されたのは、奇跡が信じられ、自然現象が信仰の対象となっていた時代であり、伝説や神話の発生にはそれなりの原因と背景がある、ということを理解しなければならない。

たんなる直感に基づき、それらを否定したり、誤解したりすることは絶対に避けねばならない。(玄鳥篇、一〇四頁)。

こうした自らの主張どおり、『湯禱篇』では、対象を解釈するに際して、自文化の価値観を相対化し、古代人の立場で古代人を理解する、すなわち異文化の尺度で異文化を測る観点が全篇を通じて貫かれている。

上述の如く鄭振鐸は、古代中国の精神世界を再現するため、主に文学的史料に基づき、歴史叙述を試みようとした。そうした史料に臨むとき、研究者が陥りやすいのは、自らの価値観を前提とした一方的な理解や解釈である。しかし鄭振鐸は、対象を解釈するに当たって、現代的価値観から自由になり、歴史的文脈に位置づけて理解するように努めている。とりわけ古代社会における一見、不合理な事象に関して、荒唐無稽であるという理由で考察の対象から除外するのではなく、あくまで当該社会における論理を追究しようとしている。そのため、西欧で本格化しつつあった未開社会に関する研究、すなわちフレイザー『金枝篇』をはじめ、人類学、神話学、民俗学、説話学などの知識も随所で援用しつつ、不合理、不可思議あるいは奇妙、野蛮としか思われていなかった古代中国の神話や伝承などから、当時の人々の生き生きとした精神世界を立ち上がらせることができたのである。これこそ、『湯禱篇』の面白さの最大の要因であろう。

繰り返せば、「古史弁」を越える新たな研究方法による成果として、鄭振鐸が世に問うた『湯禱篇』は、全篇を通じて、古代中国の精神世界を叙述対象とし、それが具体的で生彩に富む文章によって巧みに描き出されている。だからこそ、当時の人々の存在を鮮明なイメージとともに如実に感じ取ることができるのである。

さらに、そうした面白さは、鄭振鐸独自の史料選択ならびに史料解釈によるところが大きい。すなわち『湯禱篇』では、古代人の精神世界を直接反映している『詩経』や民間文学といった文学的史料が最も重要な史料として用いられていた。また、そうした史料を解釈する場合には、史料が位置する歴史的世界の論理に即して理解する、いわゆる異文化理解の観点が貫かれ、そのために神話学など人類文化に関する多くの学問が援用されていたのである。

『湯禱篇』の内容と、その面白さの理由については、以上の通りである。つぎに問うべきは、それではいったい何故、鄭振鐸が、このように「古史弁」を越える研究方法を創出し、それによって面白い歴史書『湯禱篇』を生み出すことができたのか、という問題である。この問題に解答を与えるためには、改めて『湯禱篇』を「鄭振鐸の世界」に位置づけ、鄭振鐸の論理に即して捉え直す作業が不可欠となる。次章以降、史料選択、さらに史料解釈の観点について論じていく。

三　史料の選択　対象をとらえる

上述の如く、「古史新弁」を副題とする『湯禱篇』は、古代中国の人々の精神世界を叙述対象としていた。ここで指摘すべきは、第一篇「湯禱篇」を発表する以前、すなわち一九二〇年代の創作活動や文学史研究において、鄭振鐸が最も関心を寄せる対象は、ほかならぬ人間の感情であった、ということである。したがって、『湯禱篇』が、とりわけ文学作品を史料として選択することになった経緯を理解するためには、鄭振鐸の本業とも言うべき「文学」に対する基本的立場を確認しておく必要がある。たとえば一九二一年発表の「文学的使命」（全集三巻、四〇二頁）には、鄭振鐸が考える「文学」とは、まさに人間の感情を主要テーマとするものであることが明記されている。

文学において最も重要な要素は感情であり、思想ではない。文学が人を感動させることができる理由、すなわち読者が我を忘れて歌い、泣き、作品に心から入り込んで一体化できる理由は、ひとえに、その感情に訴える力による。……文学の真の使命は、人間が自らの置かれた状況に対する感情、感覚を表現することであり、作者の喜びと憂いによって、読者に同様の感覚をもたらし、あるいは作者の高尚にして飄逸《ひょういつ》なる心持ちと理想により、読者の干涸らびて生気を失った精神、ならびに野卑で功利的な心根《こころね》を慰め、また救い出すことでもある。

より端的に言えば、文学の使命とは、人々の同情心を拡大・深化して、人類の精神を向上させることにあるのである。……現代人の堕落を救うのは、ただ文学にだけ可能である。

また一九二三年の「詩歌之力」（全集三巻、四五五頁）なる文章では、次のように主張している。

詩人の感覚は特別に敏感であり、常人がいまだかつて感じたことのない苦しみや快楽を、しっかり、深く感ずることができる。その深い同情心は、幅広い対象に示され、無告の抑圧者に同情して、ともに哭くことができる。また、失恋した人に同情して、一緒に悲しみに沈み黙って坐り続けることができる。さらに、灯に入る夏の虫、白い毛で赤い眼の怯えやすい兎など、あらゆるものに同情できる。

詩人の眼光はとりわけ鋭い。視線を遠くへ移せば、遥かにかすむ山や田の春の景色を見ることができるかも知れない。近くを見れば、周囲一丈以内の人物がわずかに目にはいるだけかもしれない。しかし、いずれの場合も眼光は鋭く、すべての事物の内奥とその霊魂を深く見通すことができる。花の微笑、葉のささやき、泉の歌声を観ずることができ、夜の秘密、霊魂の変幻、心に浮かぶ微かな思いまでも見て取ることができる。

詩人の想像力はとりわけ豊かで、ポンペイの宮殿の最も華やかなりし頃の繁栄ぶりを、もとどおりに再現できる。未来の楽園を完璧に築き上げ、失われた童年時代の一コマ一コマを記憶のスクリーンの上に映し出し、山鳥に話しをさせ、熊やライオンを人間の親友にすることもできる。

詩人の表現力は、とりわけ旺盛であり、普通の人の心のなかに次々と現われては消える感情を捉えて紙の上に書きとどめることができる。すなわち、普通の人が感じても言葉として言い出せない気持ち、目で見ても書き表すことができない光景、思い浮かんでも言葉で表現できない想像、これらすべてを、迫力に富み、リアルで感動的な言葉にし、文字にして、表現することができる。これこそ詩歌の人を感動させる力が、とりわけ大きな理由である。

このように鄭振鐸によれば、文学作品や詩歌には、特殊な才能を持つ作家や詩人によって摑み取られた人間の感情が、あるがままに封じ込められており、だからこそ読者の感情に訴える力が大きいのである。言うまでもなく、人間は歴史の産物であり、人間の感情には当然、その時代が反映されている。したがって、感情が封じ込められた文学作品や詩歌の封印を解き（古代文学の場合、封印を解く作業自体が極めて困難であることは指摘するまでない）、そこに現れてくる人間の感情を時間の流れに沿って辿っていけば、人間の感情の歴史を描くことができるはずである。実際、鄭振鐸が構想した文学史は、このような意味において、人間の感情の歴史を描いたものであった。

この点は、一九三二年刊行の『挿図本中国文学史』（全集八巻、六〜七頁）に明確に述べられている。

文学史の主要な目的は、人類の最も崇高な創造物である文学が、特定の環境、時代、民族のもとにおいて、変容し進展する一切の経過を表現し、かつまた人類の最も崇高な精神と情緒の表現が、本来は、古今東西あらゆる人類共通のものであることを示すことにある。

一冊の世界文学史は、人類各民族の文学的成果をすべて記録したものでなければならない。同様に、ある国の文学史は、その国の民族の精神面における最も崇高な成果をすべて記録したものでなければならない。ある国の文学史を読めば、その国に関する何十冊、何百冊の歴史書を読むことに比べ、ずっと容易にその国の人々を理解できなければならない。

このように考えると、中国文学史とは、我が国の過去の哲人達の偉大な精神とその崇高な創造の成果を、一般の人々に知らしめる重要な書物ということになる。

つまり、鄭振鐸によれば、文学史とは人類の精神面における崇高な成果を記録したものであるべきであり、それは、最も高度な歴史書なのである。しかも、そうした文学の中で、鄭振鐸にとって最も重要な意義を有し、かつまた彼の興味の中心にあったのは、民衆の感情を表した民間文学、すなわち俗文学であった。この点については、前章で引用した『中国俗文学史』（全集七巻、一四頁）の文章を想起されたい。

わずか四、五篇の（俗文学の）作品が、しばしば何千何百部の詩集や文集より、時代精神や社会生活の状況を反映していることがある。それらは、確かに膨大な詩集や文集より、生命力に富んでいる。我々は我々の人生とは無縁の一冊の詩集や文集を読んでも、何の印象も残らず、また得るところも無い。そこには何もなく、ただ白紙に黒い文字が印刷されているだけである。

しかし、多くの俗文学の作品は、かえって我々に何かを与えてくれる。それらは大衆の中で生まれ、大衆のために書かれ、過去の中国における最大多数の人々の痛苦や叫び声、喜びや煩悶、恋愛の楽しさ、別離の悲嘆、生活の苦しさに対する呻き、さらには暗黒の政治に対する闘争を表現している。これまでの正統な文学、貴族の文学、すなわち帝王によって養われる文人学士たちが書いた作品に表現されているものとは異なった、全く別の社会、別の人生、別の中国を表現しているのである。ここにおいてこそ、本当の中国人民の発展ならびに、その生活と情緒とを見ることができる。中国の女性達の心情も、俗文学においてこそ、大胆に、かつまた飾ることなく思いのままに吐露されているのである。

同様に、『挿図本中国文学史』（全集八巻、一二頁）でも、以下のように述べている。

我々の文学をたゆまずに前進させる原動力があるとすれば、それは民間文学の発展である。本来、民間文学というものは、民衆の生活と密接な関係を有する。時代が進展するにしたがって、民間文学そのものも絶えず進展する。その形式も当然、時時刻刻と変化し、出来上がったままの形式を保ち続けることなど永遠にありえない。さらに民衆生活は地域によっても異なり、それに応じて文学もまた異なる。それ故、民間文学は、地域によって、異なった形式と風格を持つことになる。

上引の文章から明らかなように、鄭振鐸の最も主要な関心は、「民衆の生活と密接な関係を有し」、「過去の中国における最大多数の人々の痛苦や叫び声、喜びや煩悶……」を表現している俗文学にあり、そこに「本当の中国人民の発展ならびに、その生活と情緒」とを見ようとしたのであった。彼の視点は、人間の感情の中でも、とりわけ民衆の感情に向かっていたのである。上述の如く、『湯禱篇』の核心ともいうべき王権について論じた「湯禱篇」及び「玄鳥篇」においても、王権伝承を伝える農民の心的態度に目が向けられていた。しかも、「黄鳥篇」、「伐檀篇」では、入り婿の悲哀や抑圧された農民の絶望を扱っていることから明白なように、とりわけ弱者の心のあり方が問題とされている。鄭振鐸の目は一貫して、民衆や農民といった弱者に対して向けられているのである。

このように文学史研究者、鄭振鐸は、俗文学の作品を主なる研究対象として、そこに封じ込められている過去の弱者の感情を汲み取ることにつとめたが、そうした視点は、彼の創作においても同様であった。すなわち、作家、鄭振鐸も、絶えず同時代の弱者の心を感じ取り、それを弱者の立場に立って理解し、言葉として表現することを、常に変わらぬテーマとしたのである。この点を、車夫に関する一連の文学作品によって確認してみよう。

まず、一九二一年の短編小説「一個不幸的車夫」（全集一巻、三七九〜三八一頁）には、交差点で人力車と自動車の衝突事故を目撃したという設定のもと、昏倒したまま全身血に塗《まみ》れ、顔面は恐ろしいほど蒼白、目は時々上につり上がる……という瀕死状態の人力車夫が描写され、さらに車夫を取り囲む仲間達の心からの同情の言葉が書きとめられている。文中、仲間の車夫に、「自動車が一方的に悪い。いつも勝手に突っ走り、俺達の方が気をつけて自動車を避ければいいと思っているんだ。本当に、これ以上憎いものはない。金のある奴らは、中でゆったりと座っているだけ。車が立てるほこりや排気ガスを吸うのはまだしも、ちょっとでも油断すると、車輪の下で命を棄てることになる。たとえ俺達を一人や二人轢き殺したとしても、奴らにすれば、たったの数十元で片が付き、何のこともない。そうだ、奴らは一度の飯で二三十元は食らうのさ。馬一頭でも買えば、数百元。俺達貧乏人の命は、何と安いのか」と言わせている。

この小説の末尾は、「この顔面蒼白で、白目をむき、唇を閉じたり開いたりしていた不幸な車夫のことを、尽きせぬ生命の流れの中の一人として、私は永遠に覚えていることであろう」の語を以て結んでいる。また、一九二二年の「侮辱」(全集二巻、三〇～三二頁)と題された詩においても、車夫の心情を共感的に描いているが、その前書きは、以下のように記されている。

私が乗っていた人力車の車夫が、たまたま奉天人の体に軽く当たった。かれは激怒して、ひとしきり罵るだけではたらず、近づいてビンタを二発食らわし、拳でみぞおちあたりを痛打した。その後ようやく、なお、おさまりきらないといった様子で立ち去っていった。車夫は後ろから、何語か、罵り返し、仲間と少し言葉を交わした。その時すでに、涙声が交じっていたが、しばらくすると、声を殺して泣き出し始めた。この時の光景は今でもはっきりと覚えており、おそらく永遠に忘れはしないだろう。

これら以外にも、車夫に対する共感・同情を記した作品を何篇も挙げることができる。たとえば、「祈禱」（一九二二年、全集二巻、五〜六頁）という詩の一部は、次のような内容である。

大雨のぬかるみの中
一三、四歳の子供が引く車が北に向かって走る
小さな手に力を入れて突っ張った両肘は、裏返しに反っている
乗っているのは年齢も身体も、少なくとも、子供の二倍は有る人物
見ていて奇妙に思えるが
口に出すことはできない
ただ手を合わせて祈るだけ

年老いて枯れ木のように痩せた車夫が、私に向かって丁寧に客引きをする
いたたまれず、立ち去ろうとすると
車夫は逆に怒りだして言った
俺が年を食っているから乗らんのかい。俺は速く走るぜ
若い奴らが速いとは決まっていないぞ
口に出すことはできない
ただ手を合わせて祈るだけ

さらに「脆弱之心」(一九二二年、全集二巻、二七頁)も、見ておこう。

人力車に高々と座り
引き手のおかげで南北に走り回る
後ろからもう一台が追いかけてくる
その車夫の滴る汗を見、激しい息づかいを聞く
私は降りて歩くしかなかった

心に掛かることなく歩いていると
そばを一輪車が通り過ぎる
背の高さもあろうかというほどの荷物
引き手のかけ声と車輪のきしむ音が響き
私の息づかいも重くなる

一九四六年の「小詩二〇首」(全集二巻、一九四~一九八頁)冒頭の一首も、ほぼ同じ心情を表現している。

後ろから一台の人力がせわしく追いかけてくる
車夫の大きく荒い息づかいに、心をかき乱される

ちなみに、鄭振鐸の長男、鄭爾康氏のエッセイ「車禍余波」(鄭爾康『石榴又紅了』中国人民大学出版

社、一九九八年）には、解放初期、文化局局長であった鄭振鐸の乗る自動車が、交差点でトロリーバスと起こした衝突事故の後日談が記されている。年若いバスの運転手が、文化局局長の公用車に衝突した責任を問われ、降格処分を受けたことを耳にした鄭振鐸は、二度までもバス会社へ出向き、処分の取り消しを求めた。しかも、運転手が謝礼に来た際、作家としての鄭振鐸に憧れていたことを明かし、自らが創作した詩や散文に対する指導を求めると、快く引き受け、実際に数編の散文を修正したという。その運転手は、後に新聞や雑誌でしばしば名前を見かける「工人作者」となったという

このように、鄭振鐸が一生、抱き続けた車夫に対する共感・同情は、おそらく五四時期の北京の大学生の間で信奉された三不主義（不做官、不坐車、不娶妾。役人にならない、人力車に乗らない、妾を囲わないの意）に基づく（「最後一次講話」、全集三巻、三七五頁）と考えるべきであろうが、次の詩「旅程」（一九二二年、全集二巻、二〇頁）によれば、鄭振鐸が共感しようとした弱者とは、人間のみならず、動物や植物までも含んでいたことがわかる。

旅人が歩いている
ステッキを手にして、山を越え、森を過ぎ、せせらぎを渉る
白い兎が草むらからのぞき見て、息をひそめ体をふるわせて思った
憎むべき狩人だ
松の枝でおしゃべりをしていたリス達は、足音を耳にすると、四方に逃げる
色濃く茂った松葉から、こっそり覗いて思った

恐ろしい人間がやってきた。これまで、何人の兄弟が獲られたか分からない
鳥もまた恐怖に駆られ、木陰からパッと飛び立つ
松や柏の木は首を揺すって嘆いた。欲張りの樵《きこり》がやってきた
路傍のイバラは腹を据えて彼が通り過ぎるのを待った。怖くはないと自負していた
だが、やはり結局は、頭を垂れて体をふるわせている
せせらぎは、額にしわを寄せ、嗚咽とともに流れていく。絶望して泣き声をあげた
私の大切な魚たちよ。漁師がまたやって来た
しかし、森の子たちよ
心配の必要はない
この人は——彼は、ただとおり過ぎる旅人だ

以上に掲げた詩を読めば、鄭振鐸が対象に、とりわけ弱者の心に自らの心を重ね合わせて一体化し、わき上がった共感や同情の気持ちを、詩人としての繊細な感覚により捉え、言葉で表現しようとしていたことが分かる。たとえば、「その車夫の滴る汗を見、激しい息づかいを聞くと、私は降りて歩くしかなかった」、「引き手のかけ声と車輪のきしむ音が響き、私の息づかいも重くなる」、「車夫の大きく荒い息づかいに、心をかき乱される」といった語句を一読すれば、それは明らかであろう。鄭振鐸は、上引「詩歌の力」において、詩人が有する敏感な感覚、深い同情心、鋭い眼光、豊かな想像力、旺盛な表現力について論じているが、それらは自分自身の詩人としての資質を表現するものでもあったのである。

こうした詩人としての資質・感覚を有する鄭振鐸であったからこそ、研究者として過去の文学作品に臨むとき、そこに封じ込められている人間の心、とりわけ弱者の感情を鋭敏に捉えることができた。つまり、鄭振鐸の文学史研究とは、詩人としての資質を最大限に発揮して摑まえた過去の人間の感情に対して、歴史的考察を加えたものなのである。

このように興味の中心が人間の感情にあった鄭振鐸にとって、感情を封印したもの、つまりは時代精神を反映したものでありさえすれば、文学に限らず、あらゆる芸術や素材が、その知的好奇心の対象となった。そうした対象の一つに絵画がある。周知の如く鄭振鐸は、著名な現代画家、豊子愷《ほうしがい》の「発見者」であり、幼少の頃から、図像に対する強い愛好を持ち続け、二〇年代の後半から死の直前に到るまで、版画、陶俑、敦煌壁画、歴代名画等に関する収集、整理、選集の出版、さらには研究を行っている。しかも重要なことは、それらの仕事には、「絵画の中に歴史を見る」（西域画上輯序、全集一四巻、三六頁）という視点が一貫している、という事実である。たとえば、一九三六年執筆の「関于版画」（全集一四巻）なる文章では、中国美術史研究が、他の専門的な分野史と同様、未開拓の原野であることを指摘したうえで、自らの版画研究を、その一部として位置づけている。

彼によれば、絵画とは、「画家の長期にわたる技術の修練と、対象に対する観察に基づき、画家自身の生命と描写対象の生命の両者を融合して表現したものである」（「中国絵画的優秀伝統」（全集一四巻、五七頁）。したがって、「我々が、これらの偉大な古代芸術家たちの作品（敦煌壁画）の前に立つと、その時代が、さらにはその時代の社会や人物が、生氣みなぎり、あたかも生きているかのように眼前に浮かび上がってくる」ことになる(「敦煌文物展覧的意義」(全集一四巻、三八九頁)。

そのうえ、当然のことながら、画家の生命のあり方も対象の生命のそれも時代に応じて変化するものであり、両者を融合した絵画を時間軸にそって眺めるならば、歴史の流れを看取することが可能になる。つまり、特定の時代の社会や人物を描いた絵画を年代順に並べれば、そこに自ずと通史が出来上がるというわけである。こうした観点に立てば、たとえば宋の張擇端が「清明上河図」を描いて以降、歴代の画家達によって描かれ続けた各種各様の「清明上河図」、すなわち一般に「摹本《も》」、「仿本《ほう》」、「偽本」などと称されて顧みられることのない「清明上河図」について、

それぞれの時代の画家は、彼ら自身の風格を持ち、また各時代の特徴を有するのであって、必ずしも寸分違わぬ模倣をしているわけではない。それ故、我々は、生き生きとして具体的かつリアルに表現された様々の時代の「清明上河図」を豊かに持っていると考えるべきであり、極めて重要な研究材料とすることも可能である。

と見ることもできる。鄭振鐸の目にかかれば、従来、軽んぜられてきた「摹本《も》」、「仿本《ほう》」、「偽本」が一転して、絶好の史料となるのである(「清明上河図的研究」全集一四巻、一八七頁)。

一言で言えば、鄭振鐸にとって、絵画の史料としての価値は、文学作品を史料として見る場合と全く同様に、そこに画家の個性と画家が生きた時代精神を読み取ることができる点にある。こうした認識が文章となって表明されたのは主に解放後であるが、実際には、すでに一九二〇年代以前に、このように考えていたはずである。だからこそ、文学と絵画の双方から時代精神を汲み取り、相互に補完させつつ通史を描

くという構想を、極めて早い時点で抱くことができたのである。すなわち、着想の時点から十年以上を経て成ったという名著『挿図本中国文学史』（一九三二年刊、全集八巻）の執筆の目的について、「中国文学の真の全体像及びその歴史を発展させた要因を明確にする」（同書自序）ことであるとし、挿図を用いる意義に関しては、「出所の信頼できる挿し絵のなかに、意外にも各時代における社会生活の真実の姿を見ることができる」（例言）と明言しえたのである。

そのほか、考古学的遺物もまた時代精神を反映する素材として、鄭振鐸の知的好奇心の対象となった。すでに述べたように、本書第六章「作俑篇」は、古墓から続々と出土する陶俑が、古代人の死生観を研究する上で極めて重要な資料であるという認識のもとに執筆されている。しかも特筆すべきことに、鄭振鐸は、考古学が民間文学と並び、自らの古代文化研究において重要な手段になることを、やはり早くから明確に認識していた。考古学と鄭振鐸の関係は、一九四九年に文物局局長、翌一九五〇年に考古研究所所長に就任したことによって、直接的現実的なものとなり、職務上、文物考古関係の文章を多数執筆している。しかし、古代文化研究における考古学の重要性について、鄭振鐸が明確な認識を有するようになったのは、古く一九二〇年代まで遡る。すなわち『近百年古城古墓発掘史』（上海商務印書館、一九三〇年、全集一四巻、五六六頁）の序で、考古学研究の目的に関して、以下の如く明確に述べている。

一　考古学者達が発見したのは、古代の文化、芸術、ならびに古代人民の生活の情景であり、すでに失われてしまった古代を我々の眼前に再現してくれる。

二　我々が古代の文化、芸術、遺跡に直接対面することを可能にし、流伝の過程で真実を失ってしまった文献記述に必ずしも依拠しなくてもよいようにする。

三　これまで茫漠として摑み所がなく、一顧だにする必要がないと考えられてきた古代の大詩人の著作、神話、英雄伝説などに、真実の要素が皆無であるとは言えないことを証明する。しかも、そのような伝説や神話が作りあげられた原因を、我々に教えてくれることもある。

とりわけ第三点の指摘は、疑古的発想が盛行していた当時においては、極めて注目すべき論点であると言わねばならない。

以上の如く、絵画や考古学的遺物を歴史研究に援用する意義と必要性について、鄭振鐸は極めて早くから明確な認識を持っていた。ただし甚だ残念ながら、当時の絵画研究ならびに考古学研究は、鄭振鐸自らが述べるように、緒に就いたばかりで本格的には開始されていなかった。それ故、『挿図本中国文学史』における挿図の利用は、著者の意図に反して、十全なものとは言えない。さらにまた、当時の考古学研究の状況は、一九七〇年代以降における盛況を想うとき、まさに天地の開きがある。『湯禱篇』では、「作俑篇」以外の諸篇は、扱っているテーマが考古学的遺物と直接的には結びつきにくいということもあろうが、著者の明確な認識にもかかわらず、考古学的史料に関する言及がそれほど多く見られないのは、まさに時代の制約によるといえよう(2)。

本章では、鄭振鐸の文学観を検討し、さらに彼が自らの小説や詩に描く対象を具体的に見ていった。その結果、文学史研究においても創作においても、鄭振鐸が重視したのは、人間の感情であり、とりわけ弱者の心に最も関心を寄せていることが分かった。また鄭振鐸の絵画や考古学に関する興味も、そこに時代精神を読み取ることができるという見方に基づくものであり、それらの史料も、条件が許す範囲で可能な限り利用しようとしていた。文学作品も絵画も考古学的遺物も、すべて過去の人類の精神世界を反映している限り、鄭振鐸の知的好奇心の対象となり、研究の材料となったのである。

つまるところ、鄭振鐸は、すぐれた詩人としての鋭い感性を以て、常に人間の精神、弱者の心を直視し続けていたのである。そのような鄭振鐸が歴史研究に向かい、古代文献に対峙するとき、いわゆる史部の書物ではなく、『詩経』や俗文学の作品を史料として選択することは、きわめて自然なことであろう。鄭振鐸が『湯禱篇』執筆の際に用いた独自の史料選択の目は、早くから備わっていたのである。

四　史料解釈の観点　進化論と共感的理解

前章までに、鄭振鐸が文学史研究においても創作においても、人間の心、弱者の心の理解を最も主要な課題としており、『詩経』や俗文学の作品を歴史研究の史料として選択するのも、鄭振鐸の関心からすれば当然のことであると考えた。では鄭振鐸は、自らの知的好奇心の対象、すなわち文学作品や絵画に対して、どのような観点によって理解しようとしたのか。これについては、すでに第二章で、『湯禱篇』が面白い理由として、対象を歴史的文脈に位置づけ、対象の論理に即して理解する観点を指摘した。それを承ける本章の課題は、鄭振鐸がいかにして、そのような異文化理解の観点を獲得しえたのかを、鄭振鐸の立場に立って明らかにすることである。

言うまでもなく、文学史や歴史研究において、作品や対象に対し無前提に自己を没入すること、すなわち、無自覚な感情移入は、対象の正確な理解につながらない。とりわけ対象が遠い過去の歴史世界に属する場合、感情移入は、しばしば独善的な理解、あるいは自己投影の解釈に陥る結果となる。鄭振鐸は、何故に古代人の感情を、限りなく古代人同様に理解することができたのか。鄭振鐸の異文化理解の観点は、どのようにして獲得されたのであろうか。

はじめに確認すべきは、一九一七年に北京に出て、五四新文化運動の洗礼を受けた鄭振鐸にとって、進化論的なものの見方は自明のものであった、という点である。たとえば一九三三年の「研究中国文学的新途径」(全集五巻、二九三〜二九六頁)において、次のように述べている。

進化の観念を文学研究に適用するようになって以来、どれほど多くの文学史上の過ちが訂正されたのか、知る由もない。ダーウィンの進化論は、全く予想外にも人類の種々の誤った思想を根本的に改めることになったのである。……

進化論は我々に告げている。文学は時々刻々と前進し、変化している。ある時代には、その時代の文学があり、作家がいる。自らが置かれた時代の状況や環境を顧みず、ただ古に倣うことを以て務めとする者は、進化の原則に反し、かつまた生存に最も適せず、最も容易に朽ちはてる作家になるだけである。

このように、進化論を文学研究に適用する意義を認めるとともに、進化の原則に反する作家は朽ちはてるのみ、という進化論に基づいた見方を表明している。その一方、やはり極めて早くから、人類文化の普遍性・共通性を確信しており、結局、鄭振鐸の進化論は、以下に見るように、人類の一元的文明進化説とでも称すべき内容を備えていた。たとえば一九二二年の「文学的統一観」(全集一五巻)では、

文学は人生の反映であり、また人類全体の精神ならびに情緒の反映でもある。決してある特定の地域や時代の見方によって限定されるべきではなく、すべての地域や時代の文学を一つのまとまった全体として、すなわち全人類の憂慮、痛苦、喜悦、微笑を映し出す鏡として見るべきである。

と端的に述べている。また一九二一年の「新旧文学的調和」(全集三巻、四八八頁)でも、

文学に国境はない。そこに反映されているのは、一国、一民族の精神ではなく、人類全体の精神である。当然、地域の違いによって、多少は異なった様相を示すが、基本的には必ず共通点がある。我々が文学に臨む場合には、人類の視点で観察すべきであって、特定の一国に立脚した視点で観察すべきではない。新文学の目的は、各民族のために国粋を保存することではなく、国境を越え、人類最高の精神と感情が交流することなのである。

と述べている。周知の如く、このような文学観を踏まえ、ヨーロッパ中心の観点を脱却して、真の意味での世界文学史を目指して執筆したのが、『文学大綱』(一九二七年、全集一〇、一一、一二巻)である。

人類文化の普遍性を確信する鄭振鐸が、以下に引用するような「人類学派」の主張を肯定的に理解して、同じ発展段階にある文化は、同一内容の神話や伝説を生み出す、と考えることには何の不思議もない。すなわち、「民間故事的巧合与転変」(全集五巻、二六五頁)なる一文では、人類学派の研究者の考えが次のように紹介されている。

昔から隔絶して全く交流のない地域に、かえって同じ内容の神話や故事が発生することがあるが、その原因は、同じ発展段階にある文化が、同一の石斧や石刀を作製するのと同じように、同一内容の神話や伝説を生み出すことがあるという点にある。また文明社会に未開民族のそれと同じ故事や神話が残っているのは、かつての未開時代の祖先達の残したものが、時代の流れとともに消失しなかったためなのである。

このような、いわば人類の一元的文明進化説を前提とするならば、神話や伝説の意味を正確に理解するためには、地域や民族にとらわれず同類型の事例を大量に集めて帰納的に分析することが、最も有効な方法となる。特定の古代文化の真相に近づくために、他の地域、他の民族の古代文化の事例が大きな参照価値を持つと考えられ、結論の精度は、集められた事例の量に比例して高くなるとすら考えられたのである。一九世紀末から二〇世紀初頭にかけて、世界各国で博引旁証の大学者が多く出現するが、鄭振鐸も広い意味でそのような大家の一人であると言える。(3)

そうした進化論的見方に立つならば、対象を理解する際には、当然ながら、それが位置する進化の段階に、つまりは歴史的文脈に位置づけて理解することが必要となる。鄭振鐸は、一九三三年の「中国文学研究者向那里去」（全集五巻、三一二頁）で、次のように述べている。

偉大な作品の誕生については、作品を生み出した作家の天才を賞賛するだけではなく、作品が生まれた時代と環境を、言い換えれば、作品を生み出した社会的要因を考察すべきである。

たとえば元劇が盛行を極めた原因を、たんに関漢卿、馬致遠といった天才作家達の努力に帰することはできない。彼らが執筆に努めたことについては、当然、経済的要因ならびに歴史的背景が重大な影響を及ぼしているのである。

ここで言及している元劇盛行の経済的要因ならびに歴史的背景については、鄭振鐸自身が解答を用意し、一九三四年の「元明之際文壇概観」、同年「元代公案劇産生的原因及其特質」（いずれも全集四巻）において、おおよそ以下のように論じている。

元代から明初にかけての文化状況は、異民族による強権統治のもと、漢民族が未曾有の忍従生活をおくらねばならなかったことに規定されている。この時代の文学が、一般に悲観的、消極的、諧謔的、肉欲的、物質的、享楽的な色彩を帯びているのは、まさにこの故である。ただし、そうした政治的に困難な状況とはうらはらに、商業経済の発達は著しく、民間の娯楽や文芸活動が盛んとなり、才能を発揮する場所を喪失していた文人士大夫達は、民衆のため文学作品や日用書の執筆・編纂に乗り出すようになる。具体的には、経済の発展は、演劇団体の自立的な活動を可能ならしめ、それはまた新たな内容の劇曲に対する需要を喚起する。そうした状況のもと、かつての天才詩人達が、さらには民間の才能ある文人達が競って雑劇の創作に携わるようになり、こうして偉大な元曲作家が輩出することになったという。

またこの時代に、いわゆる公案劇――清官が、時の権力者に屈することなく、案件を裁き、民の苦しみを救うといった内容の戯曲――が多く誕生したのは、まさに如上の異民族支配の不合理、不平等に対する不満が、劇作家達によって表現されたためであった。

鄭振鐸は以上の如く、元劇盛行の経済的要因ならびに歴史的背景を論じているが、この場合、彼が最も力説しているのは、被征服者としての漢民族の精神のあり方である。いわば対象を、その精神的・観念的背景に位置づけて理解しており、極めて説得力に富む。

すなわち、前章で述べたように、常に人間の感情や弱者の心を注視していた鄭振鐸が、対象をその歴史的文脈に位置づけて理解するという場合、最も重んじたのは、当時の人々の心のあり方から説明することであった。歴史の中に生きる人々の心のあり方を、当時の人々の立場に立って、共感的、追体験的に理解する。これが鄭振鐸の歴史解釈の観点である。換言すれば、人類精神の最高の表現である文学や詩により、過去の人間の心のあり方を探ろうとした鄭振鐸が最も留意したのは、自らの現代的価値観に基づき一方的な解釈を行うことを避け、それらが生み出された時代や社会の価値観を以て臨むことであった。

しかも、そのように対象を歴史的文脈に位置づけたうえで、対象に即して、共感しまた同情しつつ理解することにつとめるならば、あらゆる対象について、たとえ、それが進化の原則に反して淘汰されるべき対象であろうと、その存在の必然性を無視あるいは否定することはできなくなる。歴史的世界に忠実であろうとするほど、そうならざるをえない。具体的に言えば、たとえ「自らが置かれた時代の状況や環境を顧みず、……進化の原則に反し、かつまた生存に最も適せず、最も容易に朽ちはてる作家」であろうと、共感的同情的な立場に立つならば、その作家の存在を前提として、何故そのような作家になったのかを解明する必要が生じてこよう。

実際、鄭振鐸は、そのような理解を翻訳家、古文家として知られる林琴南について示している。すなわち「林琴南先生」（一九二四年、全集五巻）なる一文では、一般には守旧的言説の故を以て、全否定が加えられる林琴南について、そうした評価は行き過ぎであるとして、以下のように論ずる。しばしば批判の対象とされる彼の政治的立場に関しては、徹頭徹尾、守旧的であったわけではなく、当初は「先進的な維新党」と見なされるべき存在であったが、次第に思想的に停滞し、ついには「頑固な守旧者」となったという過程が存在する。また小説家としては、作品の内容自体には見るべきものがないが、旧来の小説の伝統的スタイルを大胆に打破した点を評価すべきである。さらに最も評価すべきは、膨大な翻訳小説の出版であり、その業績により西欧の家庭や社会の実状を具体的に示し、それまでの中国人の西欧に対する外在的表層的理解を一変させ、西欧文化の内在的理解に資するところ、大であったとしている。かくて林琴南は、近代中国文学史に「一段の記載を」なされるべき人物であると結論するのである。

また鄭振鐸は、時に「人を食らう」とすら形容された伝統的な中国の家に対しても共感的理解を示そうとした。すなわち、革命と恋愛を主題とする書物が席巻する一九二八年という時期に出版された『家庭的故事』(全集一巻)が、それであり、自ら些か「懐旧」的であると認めるこの小説の序において、次のように述べている。

中国の家は、一種奇妙不可思議な存在であり、私の良心に照らして判断しても、それが善であるのか、それとも悪であるのか結論を下すことはできない。……

私には、旧家庭、旧人物に対して譴責すべきであるという明確な意識は無いようであり、むしろ些かの眷恋《けんれん》の情を抱いている。……そこに出現するあまたの悲劇のすべてが、旧家庭によって醸成されたとは言えないのではなかろうか。かりに中国の家が悪いものであり、また間違ったものであるとし

ても、それは、中国の家自体に由来する罪悪なのであろうか。(4)

このように、共感的理解により、あらゆる対象に存在の必然性を認めようとした鄭振鐸は、進化論についても、本来的に「退化」を内包するものであると、つとめて歴史に忠実な見方を示している。たとえば、進化論について論じた前引の「研究中国文学的新途径」(全集五巻)では、

本来、文学なるものについて、時代の古今を以て、その優劣を比較することはできない。古代文学は、近代文学には及ばないと無前提に主張することは、近代文学は必ず古代文学に及ばないと主張するのと同様、誤りである。本来、いわゆる進化とは、進化するほど向上するという意味では必ずしもない。進化論は、森羅万象の真相を明示し、それによって、それぞれの時代についての正確な見方を提供し、かつまた一切の事物は、環境に従って絶え間なく変容し、進化することもあれば、時には退化することもある、ということを教えている。文学にも他の事物と同様、それ自身の変化曲線があり、時には高く、時には低く、しかし全体としてはより高いところに向かって進んでいるのである。

とも述べているのである。ここで中国近代における進化論受容の歴史について論ずる用意はない。それはまた、筆者の能力を超えた論題でもあるが、少なくとも鄭振鐸が単純な進化論者でなく、物事を深く観察して、事柄の両面性、すなわち進化だけでなく、退化も考慮に入れていた、と言うことはできよう。繰り返しになるが、それは、鄭振鐸が、一定の先入見を以て対象に臨むのではなく、歴史の変化や時代背景に位置づけたうえで、対象に即し、そのものの中に入り、一体化して理解するという観点を徹底していたからである。もっとも、こうした所に、一九五〇年代になって資産階級の視点として、批判されることにな

る「証拠」が潜むのであろうが、この問題にも触れない。

人間の心情を状況に即して理解する、研究対象を外側からではなく内在的に理解するという鄭振鐸の本領は、ほぼ同時代人と言うことができる梁啓超の評価について遺憾なく発揮されている。些か長くなるが、鄭振鐸の共感的理解の典型例として、梁啓超の死後、わずか一か月の時点で書かれた追悼文、「梁任公先生」（一九二九年、全集五巻）を見ておきたい。

鄭振鐸は、この論文で、政治的、学問的に、さらに文筆活動においても偉大な足跡を残し、影響力の大きさでは、余人の追随を許さない梁啓超について、過去三十年にわたり、その政治文芸学術界における影響の大きさを論じている。

とりわけ力説しているのは、「善変」すなわち「変節あくなき」という形容がなされる梁の処世をどう理解するのかという点である。すなわち「今日の吾を以て、昨日の吾に宣戦するを惜しまず」と自ら述べているように、梁啓超は、しばしば過去の言説と矛盾する行動をとる「善変」の人物とされる。しばしば批判の対象とされる梁のこの側面を、鄭振鐸は可能な限り梁本人の立場に立って理解しようとしている。

確かに、梁の政治処世は、一筋縄ではない。まず保皇派として登場し、次の段階では袁世凱と手を握り、清朝を崩壊に導く。その後、その袁を打倒して、共和政体の維持を図り、清室復辟の阻止に努める。学問においては、詞章訓詁の学を起点とし、ついで康有為の今文学に傾倒する。その後、康有為と対立する立場に転じ、西欧思想を積極的に導入・紹介し、旧学の整理に従事することになる。孔子についても、当初は康有為の影響のもと、「孔子改制」を唱えるが、次には「孔教」に反対する。このように、梁の一生は、いずれの面においても、「反覆無常」としなければならない。

しかし鄭振鐸は、梁が示した「反覆無常」の背後には、梁本人の強固にして一貫した理由なり見解があり、また、已むを得ざる苦衷があったと見るべきであるとして、その善変の原因を、つぎのように論じている。

まず、梁の生きた清末民初とは、日常生活品から社会政治組織まで、また聖典旧籍から思想に至るまで、おおよそ一切の事物、すなわち生活のすべてが、徐々に崩壊、破壊の道を辿り、外国から流入する斬新なものに取って代わられる（全集五巻、三六一頁）、という時代であった。こうした状況において、梁啓超が目指したのは、犠牲を最小限にくい止め、比較的容易に成功へと導く方法に基づき、可能な範囲内で現状を改良していくことであった。行く先の見当も付かぬ状況において、なにがしかでも国を助け、改良に努める。たとえ、わずかであろうと中国にとって良いことは行う、という政治上の改良主義者であったとするのである。こうした梁啓超は、当然、「人を選ばずして友とす」の誹りを免れないが、彼の心は、常に公明正大であり、すべてが中国のため、であった。それ故、たとえ最も手を組みがたい人間と手を組んだ場合でも、やはり幾らか割り引いて彼の心情を理解すべきである。何事も為さぬ処士や、汚濁にまみれた官吏に比べれば、どちらに軍配をあげるべきかは明らかであろう、と述べている。

別言すれば、梁の処世の最終的な目的と本旨は、中国を愛するという一点にあり、国家に有利で、国民に益有ることでありさえすれば、自らの過去の言動にとらわれることなく、変節の誹りを受けようとも、大胆に自ら進んで自ら実行する。梁の採った手段は、時代や情勢に応じて大胆な変化を見せる。しかし、たとえ百度変化しても、その根本的な目的は変わっていない。国体を改め、激しい内戦をさける為に行った袁世凱との妥協をはじめ、変節と受け取られる彼の数々の行動の背後には、つねに愛国の信念があった、と結論するのである。

しかも、こうした梁の立場は、梁自らの早期の文章「善変之豪傑」（『飲冰室自由書』）に、「大丈夫は、事を行うに磊磊落落《らいらいらくらく》、吾が心の志す所を行い、必ず至るを求めて後、已む」の如く明白に宣言されており、また、梁の詞「男児、天下の事に志せば、ただ進むことありて止まること有らず」でも高らかに表明されている、と指摘している。

以上の如く、鄭振鐸は、守旧的であると非難される林琴南、奇妙不可思議な中国の家、変節あくなき梁啓超といった対象について、外側からではなく内在的に、すなわち対象の心に自らの心を重ね合わせて一体化し、共感的かつ同情的に理解することにつとめ、対象がそうあらねばならなかった必然性を理解しようとしている。敢えて言えば、人類文化の研究、とくにその精神世界の研究は、進化の側面のみならず、淘汰の側面についての考察によっても可能になると、鄭振鐸は考えていたのであろう。

このような対象理解の観点をほぼ確立していた鄭振鐸が、偶然、人類学者フレイザーの著作と邂逅したのは、一九二七年九月のことであった。当時、大英博物館で敦煌変文の抄写作業を行っていた鄭振鐸は、西欧古典学者としてのフレイザーが、その力量を遺憾なく発揮したギリシア神話・文化に関する二部の訳注、『ギリシア神話』[5]ならびに『ギリシア案内記』[6]の魅力に引きつけられ、しばし、敦煌変文の研究を放擲して、ギリシア神話の研究に没頭することになったという（『希臘羅馬神話与伝説中的恋愛故事』叙言）。さらにその後、フレイザーの代表作『金枝篇』にも魅せられ、前記の如く全一三巻の原著の翻訳を計画したこともあった。

鄭振鐸は、一九二〇年代以降における一連の神話や童話の翻訳刊行、フレイザーの諸著作への没頭、さらには『民俗学浅説』（上海商務印書館、一九三四年）、および日本軍による空襲の被害を受けて未刊となった『民俗学概論』の翻訳作業を通じて、異文化理解の観点をしだいに明確化していったと考えられる。すなわちフレイザーの諸著作が主張するような、一見、不合理に見える文化現象も、その中に生きる人々にとっては、必ずそのようでなければならない必然性がある、と考える視点をである。

ただし上述の如く、本来、対象の心に自らの心を重ね合わせて理解しようとする鄭振鐸独自の対象理解の観点は、こうしたフレイザー流の異文化理解の観点と、ほぼ等しいものであった。したがって、鄭振鐸の対象理解の観点は、フレイザーの諸著作の影響を受けているという言い方は正確ではない。鄭振鐸が自らの研究や創作の過程でほぼ確立していた対象理解の観点が、フレイザーの諸著作によってより明確になったと言うべきであろう。『湯禱篇』序説（本書四〜五頁）では、鄭振鐸の異文化理解の観点が以下のように明言されている。

もちろん古い書物は、そのすべてを信じ真実であるとすることはできない。しかし逆に、我々の直感的な「理性」に基づき、古代の事実を抹殺してしまうこともできない。古代人は、我々がそうであると決めつけているほど、日常的に偽作や捏造ばかりをしていたとは限らない。かりに附会することがあったとしても、そのような附会をなさしめた何らかの理由があったはずである。しかも、現代人から見て、常識や道理に合わない事柄のほうが、逆に奥深く確実な根拠があるのだ。人類学や民族学、あるいは民俗学などの研究が始まって以来、古代神話や伝説を、未開人のたんなる「でたらめ」や「鄙語」にすぎないと見なすことはできなくなった。

すなわち、神話や伝承の内容が荒唐無稽であると感じられても、ただちに否定するのではなく、それらを歴史的文脈において理解すべきことが強調されている。こうしてこそ、荒唐無稽とも思える史料が、古代人の精神世界を明らかにするための絶好の史料となるのであり、古代人の立場に立ち、その時代に即した解釈を行うことが可能になるのである。

以上、本章では、鄭振鐸の史料解釈の観点を探るため長々と述べてきた。前引の論文「梁任公先生」が端的に示すように、鄭振鐸は、『湯禱篇』執筆に先立つ一九二〇年代における文学史研究ならびに創作活動の中で、対象を、それがおかれた状況に位置づけて、共感的に理解することにつとめてきたのである。鄭振鐸が、そうした観点を以て古代の歴史事象に目を向けるとともに、『金枝篇』その他の人類学、神話学などの知識を援用して成し遂げた成果が、『湯禱篇』なのである。鄭振鐸が『湯禱篇』において用いた史料解釈の観点も、基本的には、やはり早くから彼自身に備わっていたのである。

結　論

本稿では、五〇年以上も前、疑古派の研究は伝統的学問の総決算に過ぎず、新たな学問の創造ではない、と冷静に総括したうえで、独自の古代史研究を展開した鄭振鐸の『湯禱篇』を取りあげ、その「面白さ」にこだわり、叙述対象、研究方法などにおける諸特徴を明らかにした。「古史新弁」なる副題がつけられたこの書が、いかに新しく、何をどのように弁じたのかを、具体的に追究することを目指した。

まず『湯禱篇』全六篇は、王権論、始祖説話、贅婿、実名忌避、農民搾取、死後世界観などと、扱うテーマは様々に異なるが、全篇に共通して、古代中国の伝承、制度、習俗などの背後にあり、それらを支えていた当時の人々の観念や精神世界を叙述対象としていた。しかも、そうした対象が、生き生きとした文章と巧みな論理によって描き出されており、読者は、時代を越え、当時の人々との邂逅を果たし、彼らの存在を眼前に感じ取ることができる。このような点こそが、『湯禱篇』の面白さであると結論した。

そのうえで、その面白さは、古代人の精神世界を直接反映している『詩経』などの文学作品を史料として選択していること、さらに史料解釈に臨んでは、古代人の心のあり方を歴史的世界に位置づけて、共感的、追体験的に理解するという異文化理解の観点が貫かれていること、この二点に依る所が大きいと指摘した。

ついで、そうした史料の選択ならびに解釈の方法は、『湯禱篇』執筆に先行する一九二〇年代における鄭振鐸の創作活動ならびに文学史研究のなかで、すでに確立していたことを明らかにした。すなわち、自ら詩人としての鋭い感性を持ち、常に人間の精神、弱者の心を直視し続けていた鄭振鐸が、研究者として過去の文学作品に臨むときには、作品に封じ込められている過去の人間の感情を鋭敏に捉えることができた。しかも、文学作品から時代精神を読み取り、それを時間軸に沿ってたどれば、最も高度な歴史書が立ち現れてくると考えていた。そのような鄭振鐸が、古史弁を越える新たな歴史研究の方法を構想する場合、『詩経』や俗文学の作品を史料として選択することは、極めて当然な成り行きであったと言えよう。

進化論者であった鄭振鐸が、対象を歴史的世界に位置づけて理解しようとする場合、詩人としての感性を発揮し、歴史の中に生きる人々の心のあり方を、彼らの立場で、つまり対象の心に自らの心を重ね合わせて一体化し、共感的かつ同情的に理解することにつとめた。それによって、現代的価値観からすれば、不合理にも野蛮にも見える対象が、そのようであらねばならなかった必然性が理解でき、古代世界の真相を古代の論理に即して描き出すことができたのである。しかも、こうした歴史理解の観点は、鄭振鐸がフレイザー流の異文化理解の観点に出会う以前、すでに彼の中でほぼ確立していたのである。

以上を要するに、『湯禱篇』とは、鄭振鐸が、敏感な感覚、深い同情心、鋭い眼光、豊かな想像力、旺盛な表現力といった詩人としての天分を発揮して、さらに創作や文学史研究において培った史料選択の目、史料解釈の観点を、歴史研究に持ち込み、古代中国人の精神世界を歴史的文脈に位置づけて明らかにしようとした書物である。

述べるべきことは、すでに尽きた。二一世紀において歴史研究を志す者の一人として、鄭振鐸に学ぶ所は甚だ大であった。最も重要なことを以下に述べておきたい。

古代中国の文化に臨む時には、現代的価値観を以てその世界を小さく狭く切り取り、一方的な解釈を行ってはならず、その世界の論理に即して共感的に理解しなければならない。そのためには、古代中国世界を成り立たせていた人々の精神、すなわち、時代精神を汲み取る対象として、通常の史料の範囲にとらわれず、詩歌や文学作品はもとより、考古学的史料、絵画など、あらゆる素材を大胆かつ総合的に利用すべきである。このような学問の志向は、敢えて言えば、経史子集のすべてに精通し、書画骨董を愛し、詩を吟じ楽を談ずる……といった伝統的な文人の学問の方向と重なる。中国古代世界は、固有のテーマを抱えた現代の研究者の目ではなく、いわばゼネラリストとしての文人士大夫の目を以て臨んでこそ、その全体像を明瞭に捉えることができるのである。

無論、それは現代世界に対して無関心であってもよい、ということを意味しない。上述の如く、『湯禱篇』の面白さは、同時代の弱者に対する共感に帰する所が大きい。すなわち、『湯禱篇』で論ぜられている王権観念や贅婿についての見方、農民搾取の問題などは、鄭振鐸が生きる現代中国にまで存続しており、古代中国の精神世界を明らかにすることが、そのまま鋭い現代批判ともなっている。これもまた、『湯禱篇』の面白さに加えることができる。本稿では、詳しく検討することはできないが、少なくとも、こうした弱者に対する共感や、中国の現実世界に対する直視が、国家や民族に対する知識人としての責任を絶対に回避しないという鄭振鐸の信念を示していることは明らかであろう。つまり、古代人の精神世界を豊かに感じ取ることができるか否かは、研究者の、自己と自己の置かれた現実に対する姿勢如何にかかっているのである。当然ながら、自己と現実を見る目が鋭ければ、それに応じて古代も鋭くとらえることができるのである。

さらに、古代中国世界をその論理に即して解釈するためには、人類史の一部として認識する視点も要請される。古代中国にとらわれず、人類の文化、社会に関する諸科学を援用することにより、古代世界の論理をそこに生きた人々の目を以て見る可能性が広がることもまた確かである。
結局、『湯禱篇』に学んだことは、古代世界は、研究者の力量に応じて、異なった相貌を呈する、という極めて当然かつ冷徹な事実であった。鄭振鐸に関しても、その実像をありのままに捉えるためには、ロシア文学、タゴールの思想、さらには中国固有の諸思想などと鄭振鐸の関係を追究する必要があるが、本稿では全く触れることができなかった。今回、為し得たのは、豊かな広がりを持つ「鄭振鐸の世界」のごく一部を垣間見ることであった。改めて、力不足を認めざるをえない。

注

（1）当然ながら、正確には経部に属する。ここでは、文学的性格を強調するためにこのような表現をしている。
（2）同じ理由により、甲骨金文、簡牘資料も全く利用されていないが、考古学的資料の重要性を理解していた鄭振鐸の研究姿勢を、文献、考古学、人類学のそれぞれに論証の材料を見出すいわゆる三重証拠法の先駆と見ることは可能である。
（3）なお陳福康『鄭振鐸論』（二八七頁、商務印書館、一九九一年）によれば、『家庭的故事』初版の序には、「私が思うには、たとえ極めて悪い人間であろうと、その人物を責める立場に立つべきではない。一体誰が誰を責める資格があるというのか」という文章があったという。
（4）しかも、当時の人類学者の多くがそうであったように、人類文化の共通性を確信する鄭振鐸はまた、現代における個人の精神の発達過程（個体発生）に、過去の人類の精神における進化の過程（系統発生）を認めることができると見なしていた。要するに、「児童の心理は、未開社会の人間のそれと近似している」（「児童世

界宣言」全集一三巻、四頁）と考えていたのである。同様に「児童讀物問題」（全集一三巻、四三頁）では、

神話、伝説、神仙故事などは、決して児童のために書かれたものではなく、人類の童年時代の産物である。言うまでもなく、人類の童年時代と今日の児童の間には、その智慧や情緒においていくらか共通するところが存在する……。

と述べている。それ故、神話や童話は、過去の人類の精神状態を理解するための重要な手掛かりと見なされていた。鄭振鐸は、早くから児童文学に興味を持ち、自ら創作するかたわら、一九二〇年代以降、日本、北欧、イギリスなどの童話や寓話、神話の翻訳を積極的に行っている。驚くべき量に達するそれらの訳業は、鄭振偉「鄭振鐸の児童文学観」（『鄭振鐸前期文学思想』人民文学出版社、二〇〇〇年）が指摘する如く、児童教育の立場から見て、当時の中国では画期的な出来事であり、高く評価されるべきであるが、一面では普遍性を有する人類文化探求の一環として見ることもできる。

主な訳業として、『天鵝』（上海商務印書館、一九二五年）、『印度寓言』（上海商務印書館、一九二五年）、『列那狐的歴史』（上海開明書店、一九二六年）、『竹公主』（上海商務印書館、一九二七年）、『高加索民間故事』（上海商務印書館、一九二八年）、『恋愛的故事』（上海商務印書館、一九二九年、後に『希臘羅馬神話与伝説中的恋愛故事』と改題）、『英国的神話故事』（上海新中国書局、一九三二年）、『希臘神話』（上海生活書店、一九三五年）などがある。

（5）ローマ帝政期の人アポロドロスによって著された神話伝説集。主として前五世紀以前の作品を典拠として、ギリシア古典神話を忠実に伝えているとされる

（6）二世紀後半ローマ帝政期の旅行家、パウサニアスの手になるギリシア遺跡見聞録。神殿聖所、公共建築、墳墓などに関する正確な記述には定評があり、ギリシア古典考古学研究の重要な拠り所となっている

鄭振鐸関連書目（本人の著作は除く）

陳福康編選『回憶鄭振鐸』学林出版社、一九八八年
陳福康『鄭振鐸年譜』書目文献出版社、一九八八年
鄭爾康『鄭振鐸』文物出版社、一九九〇年
陳福康『鄭振鐸論』商務印書館、一九九一年
金梅・朱文華『鄭振鐸評伝』百花文芸出版社、一九九二年
陳福康『鄭振鐸伝』北京十月文芸出版社、一九九四年
黄永林『鄭振鐸与民間文芸』南京大学出版社、一九九六年
鄭爾康『石榴又紅了』中国人民大学出版社、一九九八年
鄭爾康『鄭振鐸』河北教育出版社、一九九八年
陸榮椿『鄭振鐸伝』海峡文芸出版社、一九九八年
陳福康・南治国『鄭振鐸』上海教育出版社、一九九九年
鄭振偉『鄭振鐸前期文学思想』人民文学出版社、二〇〇〇年
鄭爾康『鄭振鐸伝』京華出版社、二〇〇二年
王炳根『鄭振鐸』大象出版社、二〇〇四年

あとがき

　近年、中国で高く評価される歴史論文とは、緻密な考証に基づく高度な専門性を備えるとともに、読んで面白い叙述でなければならないという。ここに訳出した鄭振鐸の論文は、いずれも半世紀以上も前の作品ではあるが、豊かな学殖に基づく論証と文学的な筆致が効果的に融合し、まさに読んで面白い歴史叙述となっている。それが、本書を訳出したいと考えるに至った最大の動機である。私の拙い翻訳によって、その面白さが充分に伝えられたか甚だ心許ないが、鄭氏の構想や論理の展開、さらに何より、古代中国の観念世界が確実に伝わるようにと心がけた。

「解説」として付した「鄭振鐸の史学研究」は、二〇〇三年一〇月に北京師範大学で開かれた国際シンポジウム「二〇世紀中国史学及び中外史学交流」参加論文であり、『湯禱篇』の史学史的な位置づけについて詳述した（中国語原稿は、『史学理論与史学史学刊』二〇〇三年巻、社会科学文献出版社、二〇〇四年、所収）。それ故、本書『湯禱篇』が産み出された時代背景、すなわち鄭振鐸がこれらの論文を執筆した頃の中国の社会状況については、ほとんど言及することができなかった。しかし、この点を等閑に付して、鄭振鐸がこれらの論文を執筆した現実的な理由を理解することはできない。とは言え、この点は、古代中国を専門とする私のような者が、生半可な知識を以て云々しても、あまり良い結果は期待できない。そこで、以下には、鄭振鐸の手になる全く内容の異なる二篇の詩を訳出して、その一端を浮かび上がらせることとしたい。

雲と月

白い雲になれたらいいのに
毎日毎朝、金色に輝く大空の
はるか彼方の緑の山から飛んで行こう、君の家へと
君がカバンを提げて出かける時には
ついて行って、私の影で覆い
日の光から守ってあげよう、君のことを

小さな鳥になれたらいいのに
今すぐ翼を羽ばたかせ飛んでいこう、君の窓辺まで
黄昏時は、梨の枝先に止まり
暮れゆく光の中で、一針一針絹のスカートを縫う君を見ていよう

手を止めた君が、窓の外を眺めた時にだけ
愛の歌を唱ってあげよう、君のために

月の光になれたらいいのに
今すぐ大空高く駆けあがり
薄絹のカーテンを透かし、私の豊かな光で
明るく照らし出そう、君の甘い眠りを
寝返りをうった君が、こちらを向いた時にだけ
気づかれぬまま、そっと口づけしよう、君の額に

死者(1)

誰だ、我々の兄弟を殺したのは
思えば思うほどに
こみあげる。熱い大きな涙が、ボロボロと

誰だ、我々の兄弟を殺したのは
親愛なる兄弟よ！　もう、まなこを閉じて、睨むのはよせ(2)
悲しみと怒りが胸を塞ぐ
だが、悲しみと怒りだけなのか？

誰だ、我々の兄弟を殺したのは
すべてを許し、敵にも愛を
寛大な心が必要なこと知ってはいても
もはや、そんな度量はなくなった

誰だ、我々の兄弟を殺したのは
目には目を、歯には歯を
睨み付けるのは、もうよせ
まだまだ、ある
我々の血が

（1）今年二月、黄愛、龐人銓の両君が、長沙城外で趙恒惕の手にかかり殺された。このうえなく酷い最後であった。その知らせを耳にして、怒り心頭に発した。怒りの涙に燃えている時、詩を書いて、彼らを弔おうと思った。我々は、しかし、感情が高ぶっている時、人は何も書けないものだ。今になって、やっと、この詩を書き上げることができた。

「我々は趙恒惕がしたのと同じやり方で、趙恒惕に報いるべきだ」。確かに、絶対にそうすべきだ。本来、我々も、すべてを許そうと考えていた。しかし、残念ながら、我々の度量にも限度というものがある。最初の犠牲者の鮮血が、虚しく流れたことになってはならない。我々の涙は川となり、血も川となって、次から次へと流れ続けるのだ。我々は恐れている。本当に恐ろしい。しかし、兄弟のためには、これもまた仕方のないことだ。人の世の出来事は、遠い昔から、「悲惨」と「恐怖」とによって織り上げられてきたのだから。

（2）趙恒惕が、黄、龐両君に加えたのは、「斬首の刑」であった。聞くところによれば、黄愛君が首を切られたとき、何度か刀が振り下ろされたが、なお首は胴体から離れてはいなかった。奴らは、すぐさま彼を埋め、夜が明けると、その「遺体」を掘り起こして、棺桶に入れた。この時、処刑から、すでに三、四時間は経っていた。しかし、彼の眼はなお「きっと睨み続け」、両手でズボンを握り痛みに堪え続けていたという……ああ！　これ以上は書けない。「人間」であるかぎり、ひとりの「人間」であるかぎり、いったい誰が自らの兄弟に、このような刑罰を加えられよう。

二篇のうち後者は一九二二年五月一五日に発表され、前者はその一年後の一九二三年四月二九日の作である。すなわち、ほぼ同時期に、一方では乙女の作かとおぼしき恋の詩が、他方では不正義との闘いへの決起を鼓舞する義憤の詩が、一人の青年によって創作されているのである。この一事だけから、様々な矛盾や対立が併存する時代状況を容易に想像することができよう。伝統と近代、東洋と西洋、秩序と混沌、破壊と創造、正義と不正義、合理と不合理……。通常、「半植民地半封建制」の語を以て形容される鄭振鐸の生きた時代とは、すべてが混沌として矛盾に満ち、しかし、その反面、あらゆる可能性と巨大なエネルギーに満ち溢れていたのである。

そうした状況が、一九二〇年代、三〇年代における様々の紆余曲折を経た後、とりあえずの解決を見るには、一九四九年の解放を待たねばならなかった。この間における知識人の課題は、唯一、中国社会の再生にほかならなかった。だからこそ、本書のはしばしで、この中国をどうすべきかという現実に対する強い責任感から発せられた鄭振鐸の言葉に出会うのである。

たとえば、「湯禱篇」の執筆理由の一つは、「文明社会にも、しばしば『野蛮な習俗』の痕跡を見出すことができ、……とりわけ我が中国にあっては、この古い精霊がすさまじく横行していること」であり、「この笑うべき『野蛮な習俗』の痕跡を随時、遠慮なく指摘するつもりである」と述べている。さらに「湯禱篇」の末尾では、「我々が生きる社会は実際、これほどまでに古めかしい社会なのである。未開社会の野蛮な習俗や『精霊』が、かくも頑強に我々の社会において祟りをなしている。妖怪撲滅運動が起こるのは、不可避のことなのである」とし、「黄鳥篇」でも、「……ほぼ三千年になろうとしているが、こうした封建制度の残余は完全には払拭されていない。中国社会において、封建的勢力がいかに巨大であったかを知ることができよう。除き去るべき封建遺制が、今なお、どれほど存在しているのかは分からない。しかし、入り婿、童養媳、養子、妾などが、それらに属することは間違いない」と述べている。

自らが生きる中国社会の現実に対し強烈な責任感を懐いた鄭振鐸が目指したのは、中国には、遠い昔の未開性がなお少なからず痕跡をとどめていることを指摘し、それらを克服する必要性を訴えることであった。『古史弁』の方法を越え新たな歴史研究の道を開拓しようとしていた学者、鄭振鐸の背後には、こうした中国の現実があったのである。

本書の刊行に関して、お世話になった方々にお礼を述べたい。

まず鄭振鐸の御長男、鄭爾康氏に感謝申し上げたい。訳者は、二〇〇三年一〇月中旬、日本語版翻訳刊行の許可をお願いすべく、友人を介して、北京のご自宅を唐突にも直接訪問した。あいにく、御自身は上海に長期滞在中で、お目にかかることはかなわなかったが、私の来訪時間にあわせて、わざわざ長距離電話をかけてくださったのである。そのおかげで、電話を通してではあるが、直接、お願いすることが可能となった。しかも、父親の作品が日本の人々に読んでもらえるのは素晴らしいことであるとして、快諾していただいたばかりでなく、何か問題があれば、遠慮なく申し出るように、という誠に有り難いお言葉を頂戴した。

本書カヴァー絵に用いた写真「西周神面卣」の掲載許可について、保利博物館ならびに館長蔣迎春氏に特段の配慮を賜った。全く突然で些か無遠慮な訳者の求めに対し、「我々の使命は学術を支持することである」として快諾くださったことは、私にとって大きな励みとなった。深く感謝申し上げたい。

知泉書館の小山光夫氏には、本書を刊行する機会を与えていただくとともに、拙著『先秦の社会と思想』（創文社、二〇〇一年）に引き続き、種々、ご配慮いただだいた。色々な意味でマイペースでしか進めない訳者に、極めて効果的な気合いを何度も入れていただいた。そもそも本書を世に問おうと志したきっかけも、小山氏が拙宅に来訪されたおりの会話にある。心よりお礼申し上げたい。

本書翻訳の過程では、山口大学大学院東アジア研究科「五年プロジェクト」の一環として行っている中国各地の遺跡遺物の継続的調査によって得た知見が多いに役に立った。山口大学人文学部中国哲学研究室の学生、田中久美（現北海道大学院生）、齊藤哲（現金沢大学院生）、考古学研究室の学生、大谷育恵（現徳島大学院生）の三君は、原稿を読んで、種々、意見を出してくれた。妻尚子は、厳密な点検によって、様々な角度から問題点を指摘し、多くの不備、不足を訂正、補足することを可能にしてくれた。改めて感謝の意を表したい。

二〇〇五年　春分の日に

高木智見

第五章　伐檀篇

第六章　作俑篇

第三章　黄鳥篇

第四章　釈諱篇

主要引用文献索引

（一篇ごとに完結している本書の性格に鑑み，論旨の構成に用いられている主要文献を章別，五十音順に列挙した）

高木 智見（たかぎ・さとみ）

1955年岐阜県大垣市に生まれる。名古屋大学大学院博士課程修了。天津・南開大学，上海・復旦大学に留学（1979-82年）。現在，山口大学人文学部教授。博士（歴史学）。

〔業績〕『先秦の社会と思想－中国文化の核心』（創文社，2001年），『歴史激流楊寛自伝』（訳書，東京大学出版会，1995年），『中国考古の重要発見』（訳書，日本エディタースクール，2003年），「内藤湖南の歴史認識とその背景」（『内藤湖南の世界－アジア再生の歴史学』河合文化教育研究所，2001年），「古代中国の儀礼における三の象徴性」（『東洋史研究』62巻３号，2003年）他

〔伝統中国の歴史人類学〕　ISBN4-901654-53-5

2005年6月10日　第1刷印刷
2005年6月12日　第1刷発行

訳者　高木智見
発行者　小山光夫
印刷者　藤原良成

発行所　〒113-0033 東京都文京区本郷1-13-2
電話(3814)6161　振替 00120-6-117170
http://www.chisen.co.jp
株式会社 知泉書館

Printed in Japan　印刷・製本／藤原印刷